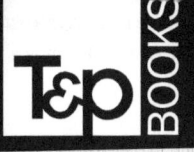

ALBANIAN
VOCABULARY

FOR ENGLISH SPEAKERS

ENGLISH-ALBANIAN

The most useful words
To expand your lexicon and sharpen
your language skills

5000 words

Albanian vocabulary for English speakers - 5000 words

By Andrey Taranov

T&P Books vocabularies are intended for helping you learn, memorize and review foreign words. The dictionary is divided into themes, covering all major spheres of everyday activities, business, science, culture, etc.

The process of learning words using T&P Books' theme-based dictionaries gives you the following advantages:

- Correctly grouped source information predetermines success at subsequent stages of word memorization
- Availability of words derived from the same root allowing memorization of word units (rather than separate words)
- Small units of words facilitate the process of establishing associative links needed for consolidation of vocabulary
- Level of language knowledge can be estimated by the number of learned words

Copyright © 2018 T&P Books Publishing

All rights reserved. No part of this book may be reproduced or utilized in any form or by any means, electronic or mechanical, including photocopying, recording or by information storage and retrieval system, without permission in writing from the publishers.

T&P Books Publishing
www.tpbooks.com

ISBN: 978-1-78767-011-2

This book is also available in E-book formats.
Please visit www.tpbooks.com or the major online bookstores.

ALBANIAN VOCABULARY
for English speakers

T&P Books vocabularies are intended to help you learn, memorize, and review foreign words. The vocabulary contains over 5000 commonly used words arranged thematically.

- Vocabulary contains the most commonly used words
- Recommended as an addition to any language course
- Meets the needs of beginners and advanced learners of foreign languages
- Convenient for daily use, revision sessions, and self-testing activities
- Allows you to assess your vocabulary

Special features of the vocabulary

- Words are organized according to their meaning, not alphabetically
- Words are presented in three columns to facilitate the reviewing and self-testing processes
- Words in groups are divided into small blocks to facilitate the learning process
- The vocabulary offers a convenient and simple transcription of each foreign word

The vocabulary has 155 topics including:

Basic Concepts, Numbers, Colors, Months, Seasons, Units of Measurement, Clothing & Accessories, Food & Nutrition, Restaurant, Family Members, Relatives, Character, Feelings, Emotions, Diseases, City, Town, Sightseeing, Shopping, Money, House, Home, Office, Working in the Office, Import & Export, Marketing, Job Search, Sports, Education, Computer, Internet, Tools, Nature, Countries, Nationalities and more ...

T&P BOOKS' THEME-BASED DICTIONARIES

The Correct System for Memorizing Foreign Words

Acquiring vocabulary is one of the most important elements of learning a foreign language, because words allow us to express our thoughts, ask questions, and provide answers. An inadequate vocabulary can impede communication with a foreigner and make it difficult to understand a book or movie well.

The pace of activity in all spheres of modern life, including the learning of modern languages, has increased. Today, we need to memorize large amounts of information (grammar rules, foreign words, etc.) within a short period. However, this does not need to be difficult. All you need to do is to choose the right training materials, learn a few special techniques, and develop your individual training system.

Having a system is critical to the process of language learning. Many people fail to succeed in this regard; they cannot master a foreign language because they fail to follow a system comprised of selecting materials, organizing lessons, arranging new words to be learned, and so on. The lack of a system causes confusion and eventually, lowers self-confidence.

T&P Books' theme-based dictionaries can be included in the list of elements needed for creating an effective system for learning foreign words. These dictionaries were specially developed for learning purposes and are meant to help students effectively memorize words and expand their vocabulary.

Generally speaking, the process of learning words consists of three main elements:

- Reception (creation or acquisition) of a training material, such as a word list
- Work aimed at memorizing new words
- Work aimed at reviewing the learned words, such as self-testing

All three elements are equally important since they determine the quality of work and the final result. All three processes require certain skills and a well-thought-out approach.

New words are often encountered quite randomly when learning a foreign language and it may be difficult to include them all in a unified list. As a result, these words remain written on scraps of paper, in book margins, textbooks, and so on. In order to systematize such words, we have to create and continually update a "book of new words." A paper notebook, a netbook, or a tablet PC can be used for these purposes.

This "book of new words" will be your personal, unique list of words. However, it will only contain the words that you came across during the learning process. For example, you might have written down the words "Sunday," "Tuesday," and "Friday." However, there are additional words for days of the week, for example, "Saturday," that are missing, and your list of words would be incomplete. Using a theme dictionary, in addition to the "book of new words," is a reasonable solution to this problem.

The theme-based dictionary may serve as the basis for expanding your vocabulary.

It will be your big "book of new words" containing the most frequently used words of a foreign language already included. There are quite a few theme-based dictionaries available, and you should ensure that you make the right choice in order to get the maximum benefit from your purchase.

Therefore, we suggest using theme-based dictionaries from T&P Books Publishing as an aid to learning foreign words. Our books are specially developed for effective use in the sphere of vocabulary systematization, expansion and review.

Theme-based dictionaries are not a magical solution to learning new words. However, they can serve as your main database to aid foreign-language acquisition. Apart from theme dictionaries, you can have copybooks for writing down new words, flash cards, glossaries for various texts, as well as other resources; however, a good theme dictionary will always remain your primary collection of words.

T&P Books' theme-based dictionaries are specialty books that contain the most frequently used words in a language.

The main characteristic of such dictionaries is the division of words into themes. For example, the *City* theme contains the words "street," "crossroads," "square," "fountain," and so on. The *Talking* theme might contain words like "to talk," "to ask," "question," and "answer".

All the words in a theme are divided into smaller units, each comprising 3–5 words. Such an arrangement improves the perception of words and makes the learning process less tiresome. Each unit contains a selection of words with similar meanings or identical roots. This allows you to learn words in small groups and establish other associative links that have a positive effect on memorization.

The words on each page are placed in three columns: a word in your native language, its translation, and its transcription. Such positioning allows for the use of techniques for effective memorization. After closing the translation column, you can flip through and review foreign words, and vice versa. "This is an easy and convenient method of review – one that we recommend you do often."

Our theme-based dictionaries contain transcriptions for all the foreign words. Unfortunately, none of the existing transcriptions are able to convey the exact nuances of foreign pronunciation. That is why we recommend using the transcriptions only as a supplementary learning aid. Correct pronunciation can only be acquired with the help of sound. Therefore our collection includes audio theme-based dictionaries.

The process of learning words using T&P Books' theme-based dictionaries gives you the following advantages:

- You have correctly grouped source information, which predetermines your success at subsequent stages of word memorization
- Availability of words derived from the same root (lazy, lazily, lazybones), allowing you to memorize word units instead of separate words
- Small units of words facilitate the process of establishing associative links needed for consolidation of vocabulary
- You can estimate the number of learned words and hence your level of language knowledge
- The dictionary allows for the creation of an effective and high-quality revision process
- You can revise certain themes several times, modifying the revision methods and techniques
- Audio versions of the dictionaries help you to work out the pronunciation of words and develop your skills of auditory word perception

The T&P Books' theme-based dictionaries are offered in several variants differing in the number of words: 1.500, 3.000, 5.000, 7.000, and 9.000 words. There are also dictionaries containing 15,000 words for some language combinations. Your choice of dictionary will depend on your knowledge level and goals.

We sincerely believe that our dictionaries will become your trusty assistant in learning foreign languages and will allow you to easily acquire the necessary vocabulary.

TABLE OF CONTENTS

T&P Books' Theme-Based Dictionaries	4
Pronunciation guide	13
Abbreviations	14

BASIC CONCEPTS — 15
Basic concepts. Part 1 — 15

1. Pronouns — 15
2. Greetings. Salutations. Farewells — 15
3. How to address — 16
4. Cardinal numbers. Part 1 — 16
5. Cardinal numbers. Part 2 — 18
6. Ordinal numbers — 18
7. Numbers. Fractions — 18
8. Numbers. Basic operations — 19
9. Numbers. Miscellaneous — 19
10. The most important verbs. Part 1 — 19
11. The most important verbs. Part 2 — 20
12. The most important verbs. Part 3 — 21
13. The most important verbs. Part 4 — 22
14. Colors — 23
15. Questions — 24
16. Prepositions — 25
17. Function words. Adverbs. Part 1 — 25
18. Function words. Adverbs. Part 2 — 27

Basic concepts. Part 2 — 29

19. Weekdays — 29
20. Hours. Day and night — 29
21. Months. Seasons — 30
22. Units of measurement — 32
23. Containers — 33

HUMAN BEING — 35
Human being. The body — 35

24. Head — 35
25. Human body — 36

Clothing & Accessories 38

26. Outerwear. Coats 38
27. Men's & women's clothing 38
28. Clothing. Underwear 39
29. Headwear 39
30. Footwear 39
31. Personal accessories 40
32. Clothing. Miscellaneous 41
33. Personal care. Cosmetics 41
34. Watches. Clocks 42

Food. Nutricion 44

35. Food 44
36. Drinks 46
37. Vegetables 47
38. Fruits. Nuts 47
39. Bread. Candy 48
40. Cooked dishes 49
41. Spices 50
42. Meals 50
43. Table setting 51
44. Restaurant 52

Family, relatives and friends 53

45. Personal information. Forms 53
46. Family members. Relatives 53

Medicine 55

47. Diseases 55
48. Symptoms. Treatments. Part 1 56
49. Symptoms. Treatments. Part 2 57
50. Symptoms. Treatments. Part 3 58
51. Doctors 59
52. Medicine. Drugs. Accessories 59

HUMAN HABITAT 61
City 61

53. City. Life in the city 61
54. Urban institutions 62
55. Signs 64
56. Urban transportation 65

57.	Sightseeing	66
58.	Shopping	66
59.	Money	67
60.	Post. Postal service	68

Dwelling. House. Home 70

61.	House. Electricity	70
62.	Villa. Mansion	70
63.	Apartment	71
64.	Furniture. Interior	71
65.	Bedding	72
66.	Kitchen	72
67.	Bathroom	73
68.	Household appliances	74

HUMAN ACTIVITIES 76
Job. Business. Part 1 76

69.	Office. Working in the office	76
70.	Business processes. Part 1	77
71.	Business processes. Part 2	78
72.	Production. Works	79
73.	Contract. Agreement	81
74.	Import & Export	81
75.	Finances	82
76.	Marketing	83
77.	Advertising	83
78.	Banking	84
79.	Telephone. Phone conversation	85
80.	Cell phone	85
81.	Stationery	86
82.	Kinds of business	86

Job. Business. Part 2 89

83.	Show. Exhibition	89
84.	Science. Research. Scientists	90

Professions and occupations 92

85.	Job search. Dismissal	92
86.	Business people	92
87.	Service professions	94
88.	Military professions and ranks	94
89.	Officials. Priests	95

90.	Agricultural professions	96
91.	Art professions	96
92.	Various professions	97
93.	Occupations. Social status	98

Education 100

94.	School	100
95.	College. University	101
96.	Sciences. Disciplines	102
97.	Writing system. Orthography	102
98.	Foreign languages	104

Rest. Entertainment. Travel 106

99.	Trip. Travel	106
100.	Hotel	107

TECHNICAL EQUIPMENT. TRANSPORTATION 108
Technical equipment 108

101.	Computer	108
102.	Internet. E-mail	109
103.	Electricity	110
104.	Tools	111

Transportation 114

105.	Airplane	114
106.	Train	115
107.	Ship	116
108.	Airport	118

Life events 119

109.	Holidays. Event	119
110.	Funerals. Burial	120
111.	War. Soldiers	121
112.	War. Military actions. Part 1	122
113.	War. Military actions. Part 2	123
114.	Weapons	125
115.	Ancient people	126
116.	Middle Ages	127
117.	Leader. Chief. Authorities	129
118.	Breaking the law. Criminals. Part 1	129
119.	Breaking the law. Criminals. Part 2	131

120.	Police. Law. Part 1	132
121.	Police. Law. Part 2	133

NATURE
The Earth. Part 1

122.	Outer space	135
123.	The Earth	136
124.	Cardinal directions	137
125.	Sea. Ocean	137
126.	Seas' and Oceans' names	138
127.	Mountains	139
128.	Mountains names	140
129.	Rivers	140
130.	Rivers' names	141
131.	Forest	142
132.	Natural resources	143

The Earth. Part 2

133.	Weather	145
134.	Severe weather. Natural disasters	146

Fauna

135.	Mammals. Predators	147
136.	Wild animals	147
137.	Domestic animals	149
138.	Birds	150
139.	Fish. Marine animals	151
140.	Amphibians. Reptiles	152
141.	Insects	152

Flora

142.	Trees	154
143.	Shrubs	155
144.	Fruits. Berries	155
145.	Flowers. Plants	156
146.	Cereals, grains	157

COUNTRIES. NATIONALITIES

147.	Western Europe	158
148.	Central and Eastern Europe	158
149.	Former USSR countries	159

150. Asia	159
151. North America	160
152. Central and South America	160
153. Africa	161
154. Australia. Oceania	161
155. Cities	161

PRONUNCIATION GUIDE

T&P phonetic alphabet	Albanian example	English example
[a]	flas [flas]	shorter than in ask
[e], [ɛ]	melodi [mɛlodí]	absent, pet
[ə]	kërkoj [kərkój]	driver, teacher
[i]	pikë [píkə]	shorter than in feet
[o]	motor [motór]	pod, John
[u]	fuqi [fucí]	book
[y]	myshk [myʃk]	fuel, tuna
[b]	brakë [brákə]	baby, book
[c]	oqean [ocɛán]	Irish - ceist
[d]	adoptoj [adoptój]	day, doctor
[dz]	lexoj [lɛdzój]	beads, kids
[dʒ]	xham [dʒam]	joke, general
[ð]	dhomë [ðómə]	weather, together
[f]	i fortë [i fórtə]	face, food
[g]	bullgari [buɫgarí]	game, gold
[h]	jaht [jáht]	home, have
[j]	hyrje [hýrjɛ]	yes, New York
[ɟ]	zgjedh [zɟɛð]	geese
[k]	korik [korík]	clock, kiss
[l]	lëviz [ləvíz]	lace, people
[ɫ]	shkallë [ʃkáɫə]	feel
[m]	medalje [mɛdáljɛ]	magic, milk
[n]	klan [klan]	name, normal
[ɲ]	spanjoll [spaɲóɫ]	canyon, new
[ŋ]	trung [truŋ]	ring
[p]	polici [politsí]	pencil, private
[r]	i erët [i érət]	rice, radio
[ɾ]	groshë [gróʃə]	Spanish - pero
[s]	spital [spitál]	city, boss
[ʃ]	shes [ʃɛs]	machine, shark
[t]	tapet [tapét]	tourist, trip
[ts]	batica [batítsa]	cats, tsetse fly
[tʃ]	kaçube [katʃúbɛ]	church, French
[v]	javor [javór]	very, river
[z]	horizont [horizónt]	zebra, please
[ʒ]	kuzhinë [kuʒínə]	forge, pleasure
[θ]	përkthej [pərkθéj]	month, tooth

ABBREVIATIONS
used in the vocabulary

English abbreviations

ab.	-	about
adj	-	adjective
adv	-	adverb
anim.	-	animate
as adj	-	attributive noun used as adjective
e.g.	-	for example
etc.	-	et cetera
fam.	-	familiar
fem.	-	feminine
form.	-	formal
inanim.	-	inanimate
masc.	-	masculine
math	-	mathematics
mil.	-	military
n	-	noun
pl	-	plural
pron.	-	pronoun
sb	-	somebody
sing.	-	singular
sth	-	something
v aux	-	auxiliary verb
vi	-	intransitive verb
vi, vt	-	intransitive, transitive verb
vt	-	transitive verb

Albanian abbreviations

f	-	feminine noun
m	-	masculine noun
pl	-	plural

BASIC CONCEPTS

Basic concepts. Part 1

1. Pronouns

I, me	Unë, mua	[unə], [múa]
you	ti, ty	[ti], [ty]
he	ai	[aí]
she	ajo	[ajó]
it	ai	[aí]
we	ne	[nɛ]
you (to a group)	ju	[ju]
they (masc.)	ata	[atá]
they (fem.)	ato	[ató]

2. Greetings. Salutations. Farewells

Hello! (fam.)	Përshëndetje!	[pərʃəndétjɛ!]
Hello! (form.)	Përshëndetje!	[pərʃəndétjɛ!]
Good morning!	Mirëmëngjes!	[mirəmənɟés!]
Good afternoon!	Mirëdita!	[mirədíta!]
Good evening!	Mirëmbrëma!	[mirəmbréma!]
to say hello	përshëndes	[pərʃəndés]
Hi! (hello)	Ç'kemi!	[tʃkémi!]
greeting (n)	përshëndetje (f)	[pərʃəndétjɛ]
to greet (vt)	përshëndes	[pərʃəndés]
How are you? (form.)	Si jeni?	[si jéni?]
How are you? (fam.)	Si je?	[si jɛ?]
What's new?	Çfarë ka të re?	[tʃfárə ká tə ré?]
Goodbye!	Mirupafshim!	[mirupáfʃim!]
Bye!	U pafshim!	[u páfʃim!]
See you soon!	Shihemi së shpejti!	[ʃíhɛmi sə ʃpéjti!]
Farewell!	Lamtumirë!	[lamtumírə!]
to say goodbye	përshëndetem	[pərʃəndétɛm]
So long!	Tungjatjeta!	[tunɟatjéta!]

English	Albanian	Pronunciation
Thank you!	Faleminderit!	[falɛmindérit!]
Thank you very much!	Faleminderit shumë!	[falɛmindérit ʃúmə!]
You're welcome	Të lutem	[tə lútɛm]
Don't mention it!	Asgjë!	[asɟé!]
It was nothing	Asgjë	[asɟé]
Excuse me! (fam.)	Më fal!	[mə fal!]
Excuse me! (form.)	Më falni!	[mə fálni!]
to excuse (forgive)	fal	[fal]
to apologize (vi)	kërkoj falje	[kərkój fáljɛ]
My apologies	Kërkoj ndjesë	[kərkój ndjésə]
I'm sorry!	Më vjen keq!	[mə vjɛn kɛc!]
to forgive (vt)	fal	[fal]
It's okay! (that's all right)	S'ka gjë!	[s'ka ɟə!]
please (adv)	të lutem	[tə lútɛm]
Don't forget!	Mos harro!	[mos haró!]
Certainly!	Sigurisht!	[siguríʃt!]
Of course not!	Sigurisht që jo!	[siguríʃt cə jo!]
Okay! (I agree)	Në rregull!	[nə régułł!]
That's enough!	Mjafton!	[mjaftón!]

3. How to address

English	Albanian	Pronunciation
Excuse me, ...	Më falni, ...	[mə fálni, ...]
mister, sir	zotëri	[zotərí]
ma'am	zonjë	[zóɲə]
miss	zonjushë	[zoɲúʃə]
young man	djalë i ri	[djálə i rí]
young man (little boy, kid)	djalosh	[djalóʃ]
miss (little girl)	vajzë	[vájzə]

4. Cardinal numbers. Part 1

English	Albanian	Pronunciation
0 zero	zero	[zéro]
1 one	një	[ɲə]
2 two	dy	[dy]
3 three	tre	[trɛ]
4 four	katër	[kátər]
5 five	pesë	[pésə]
6 six	gjashtë	[ɟáʃtə]
7 seven	shtatë	[ʃtátə]
8 eight	tetë	[tétə]
9 nine	nëntë	[nəntə]

10 ten	dhjetë	[ðjétə]
11 eleven	njëmbëdhjetë	[ɲəmbəðjétə]
12 twelve	dymbëdhjetë	[dymbəðjétə]
13 thirteen	trembëdhjetë	[trɛmbəðjétə]
14 fourteen	katërmbëdhjetë	[katərmbəðjétə]

15 fifteen	pesëmbëdhjetë	[pɛsəmbəðjétə]
16 sixteen	gjashtëmbëdhjetë	[ɟaʃtəmbəðjétə]
17 seventeen	shtatëmbëdhjetë	[ʃtatəmbəðjétə]
18 eighteen	tetëmbëdhjetë	[tɛtəmbəðjétə]
19 nineteen	nëntëmbëdhjetë	[nəntəmbəðjétə]

20 twenty	njëzet	[ɲəzét]
21 twenty-one	njëzet e një	[ɲəzét ɛ ɲə]
22 twenty-two	njëzet e dy	[ɲəzét ɛ dy]
23 twenty-three	njëzet e tre	[ɲəzét ɛ trɛ]

30 thirty	tridhjetë	[triðjétə]
31 thirty-one	tridhjetë e një	[triðjétə ɛ ɲə]
32 thirty-two	tridhjetë e dy	[triðjétə ɛ dy]
33 thirty-three	tridhjetë e tre	[triðjétə ɛ trɛ]

40 forty	dyzet	[dyzét]
41 forty-one	dyzet e një	[dyzét ɛ ɲə]
42 forty-two	dyzet e dy	[dyzét ɛ dy]
43 forty-three	dyzet e tre	[dyzét ɛ trɛ]

50 fifty	pesëdhjetë	[pɛsəðjétə]
51 fifty-one	pesëdhjetë e një	[pɛsəðjétə ɛ ɲə]
52 fifty-two	pesëdhjetë e dy	[pɛsəðjétə ɛ dy]
53 fifty-three	pesëdhjetë e tre	[pɛsəðjétə ɛ trɛ]

60 sixty	gjashtëdhjetë	[ɟaʃtəðjétə]
61 sixty-one	gjashtëdhjetë e një	[ɟaʃtəðjétə ɛ ɲə]
62 sixty-two	gjashtëdhjetë e dy	[ɟaʃtəðjétə ɛ dý]
63 sixty-three	gjashtëdhjetë e tre	[ɟaʃtəðjétə ɛ tré]

70 seventy	shtatëdhjetë	[ʃtatəðjétə]
71 seventy-one	shtatëdhjetë e një	[ʃtatəðjétə ɛ ɲə]
72 seventy-two	shtatëdhjetë e dy	[ʃtatəðjétə ɛ dy]
73 seventy-three	shtatëdhjetë e tre	[ʃtatəðjétə ɛ trɛ]

80 eighty	tetëdhjetë	[tɛtəðjétə]
81 eighty ono	tetëdhjetë e një	[tɛtəðjétə ɛ ɲə]
82 eighty-two	tetëdhjetë e dy	[tɛtəðjétə ɛ dy]
83 eighty-three	tetëdhjetë e tre	[tɛtəðjétə ɛ trɛ]

90 ninety	nëntëdhjetë	[nəntəðjétə]
91 ninety-one	nëntëdhjetë e një	[nəntəðjétə ɛ ɲə]
92 ninety-two	nëntëdhjetë e dy	[nəntəðjétə ɛ dy]
93 ninety-three	nëntëdhjetë e tre	[nəntəðjétə ɛ trɛ]

5. Cardinal numbers. Part 2

100 one hundred	njëqind	[nəcínd]
200 two hundred	dyqind	[dycínd]
300 three hundred	treqind	[trεcínd]
400 four hundred	katërqind	[katərcínd]
500 five hundred	pesëqind	[pεsəcínd]
600 six hundred	gjashtëqind	[ɟaʃtəcínd]
700 seven hundred	shtatëqind	[ʃtatəcínd]
800 eight hundred	tetëqind	[tεtəcínd]
900 nine hundred	nëntëqind	[nəntəcínd]
1000 one thousand	një mijë	[nə míjə]
2000 two thousand	dy mijë	[dy míjə]
3000 three thousand	tre mijë	[trε míjə]
10000 ten thousand	dhjetë mijë	[ðjétə míjə]
one hundred thousand	njëqind mijë	[nəcínd míjə]
million	milion (m)	[milión]
billion	miliardë (f)	[miliárdə]

6. Ordinal numbers

first (adj)	i pari	[i pári]
second (adj)	i dyti	[i dýti]
third (adj)	i treti	[i tréti]
fourth (adj)	i katërti	[i kátərti]
fifth (adj)	i pesti	[i pésti]
sixth (adj)	i gjashti	[i ɟáʃti]
seventh (adj)	i shtati	[i ʃtáti]
eighth (adj)	i teti	[i téti]
ninth (adj)	i nënti	[i nénti]
tenth (adj)	i dhjeti	[i ðjéti]

7. Numbers. Fractions

fraction	thyesë (f)	[θýεsə]
one half	gjysma	[ɟýsma]
one third	një e treta	[nə ε tréta]
one quarter	një e katërta	[nə ε kátərta]
one eighth	një e teta	[nə ε téta]
one tenth	një e dhjeta	[nə ε ðjéta]
two thirds	dy të tretat	[dy tə trétat]
three quarters	tre të katërtat	[trε tə kátərtat]

8. Numbers. Basic operations

subtraction	zbritje (f)	[zbrítjɛ]
to subtract (vi, vt)	zbres	[zbrɛs]
division	pjesëtim (m)	[pjɛsətím]
to divide (vt)	pjesëtoj	[pjɛsətój]
addition	mbledhje (f)	[mbléðjɛ]
to add up (vt)	shtoj	[ʃtoj]
to add (vi, vt)	mbledh	[mbléð]
multiplication	shumëzim (m)	[ʃumǝzím]
to multiply (vt)	shumëzoj	[ʃumǝzój]

9. Numbers. Miscellaneous

digit, figure	shifër (f)	[ʃífǝr]
number	numër (m)	[númǝr]
numeral	numerik (m)	[numɛrík]
minus sign	minus (m)	[minús]
plus sign	plus (m)	[plus]
formula	formulë (f)	[formúlǝ]
calculation	llogaritje (f)	[ɫogarítjɛ]
to count (vi, vt)	numëroj	[numǝrój]
to count up	llogaris	[ɫogarís]
to compare (vt)	krahasoj	[krahasój]
How much?	Sa?	[sa?]
sum, total	shuma (f)	[ʃúma]
result	rezultat (m)	[rɛzultát]
remainder	mbetje (f)	[mbétjɛ]
a few (e.g., ~ years ago)	disa	[disá]
little (I had ~ time)	pak	[pak]
few (I have ~ friends)	disa	[disá]
a little (~ water)	pak	[pak]
the rest	mbetje (f)	[mbétjɛ]
one and a half	një e gjysmë (f)	[nǝ ɛ ɟýsmǝ]
dozen	dyzinë (f)	[dyzínǝ]
in half (adv)	përgjysmë	[pǝɲýsmǝ]
equally (evenly)	gjysmë për gjysmë	[ɟýsmǝ pǝr ɟýsmǝ]
half	gjysmë (f)	[ɟýsmǝ]
time (three ~s)	herë (f)	[hérǝ]

10. The most important verbs. Part 1

to advise (vt)	këshilloj	[kǝʃiɫój]
to agree (say yes)	bie dakord	[bíɛ dakórd]

to answer (vi, vt)	përgjigjem	[pərɟíɟɛm]
to apologize (vi)	kërkoj falje	[kərkój fáljɛ]
to arrive (vi)	arrij	[aríj]
to ask (~ oneself)	pyes	[pýɛs]
to ask (~ sb to do sth)	pyes	[pýɛs]
to be (vi)	jam	[jam]
to be afraid	kam frikë	[kam fríkə]
to be hungry	kam uri	[kam urí]
to be interested in ...	interesohem ...	[intɛrɛsóhɛm ...]
to be needed	nevojitet	[nɛvojítɛt]
to be surprised	çuditem	[tʃudítɛm]
to be thirsty	kam etje	[kam étjɛ]
to begin (vt)	filloj	[fiɫój]
to belong to ...	përkas ...	[pərkás ...]
to boast (vi)	mburrem	[mbúrɛm]
to break (split into pieces)	ndahem	[ndáhɛm]
to call (~ for help)	thërras	[θərás]
can (v aux)	mund	[mund]
to catch (vt)	kap	[kap]
to change (vt)	ndryshoj	[ndryʃój]
to choose (select)	zgjedh	[zɟɛð]
to come down (the stairs)	zbres	[zbrɛs]
to compare (vt)	krahasoj	[krahasój]
to complain (vi, vt)	ankohem	[ankóhɛm]
to confuse (mix up)	ngatërroj	[ŋatərój]
to continue (vt)	vazhdoj	[vaʒdój]
to control (vt)	kontrolloj	[kontroɫój]
to cook (dinner)	gatuaj	[gatúaj]
to cost (vt)	kushton	[kuʃtón]
to count (add up)	numëroj	[numərój]
to count on ...	mbështetem ...	[mbəʃtétɛm ...]
to create (vt)	krijoj	[krijój]
to cry (weep)	qaj	[caj]

11. The most important verbs. Part 2

to deceive (vi, vt)	mashtroj	[maʃtrój]
to decorate (tree, street)	zbukuroj	[zbukurój]
to defend (a country, etc.)	mbroj	[mbrój]
to demand (request firmly)	kërkoj	[kərkój]
to dig (vt)	gërmoj	[gərmój]
to discuss (vt)	diskutoj	[diskutój]
to do (vt)	bëj	[bəj]

to doubt (have doubts)	dyshoj	[dyʃój]
to drop (let fall)	lëshoj	[ləʃój]
to enter (room, house, etc.)	hyj	[hyj]

to excuse (forgive)	fal	[fal]
to exist (vi)	ekzistoj	[ɛkzistój]
to expect (foresee)	parashikoj	[paraʃikój]
to explain (vt)	shpjegoj	[ʃpjɛgój]
to fall (vi)	bie	[bíɛ]

to find (vt)	gjej	[ɟéj]
to finish (vt)	përfundoj	[pərfundój]
to fly (vi)	fluturoj	[fluturój]
to follow ... (come after)	ndjek ...	[ndjék ...]
to forget (vi, vt)	harroj	[harój]

to forgive (vt)	fal	[fal]
to give (vt)	jap	[jap]
to give a hint	aludoj	[aludój]
to go (on foot)	ec në këmbë	[ɛts nə kémbə]

to go for a swim	notoj	[notój]
to go out (for dinner, etc.)	dal	[dal]
to guess (the answer)	hamendësoj	[hamɛndəsój]

to have (vt)	kam	[kam]
to have breakfast	ha mëngjes	[ha mənɟés]
to have dinner	ha darkë	[ha dárkə]
to have lunch	ha drekë	[ha drékə]
to hear (vt)	dëgjoj	[dəɟój]

to help (vt)	ndihmoj	[ndihmój]
to hide (vt)	fsheh	[fʃéh]
to hope (vi, vt)	shpresoj	[ʃprɛsój]
to hunt (vi, vt)	dal për gjah	[dál pər ɟáh]
to hurry (vi)	nxitoj	[ndzitój]

12. The most important verbs. Part 3

to inform (vt)	informoj	[informój]
to insist (vi, vt)	këmbëngul	[kəmbəŋúl]
to insult (vt)	fyej	[fýɛj]
to invite (vt)	ftoj	[ftoj]
to joke (vi)	bëj shaka	[bəj ʃaká]

to keep (vt)	mbaj	[mbáj]
to keep silent, to hush	hesht	[hɛʃt]
to kill (vt)	vras	[vras]
to know (sb)	njoh	[ɲóh]

to know (sth)	di	[di]
to laugh (vi)	qesh	[cɛʃ]

to liberate (city, etc.)	çliroj	[tʃlirój]
to like (I like ...)	pëlqej	[pəlcéj]
to look for ... (search)	kërkoj ...	[kərkój ...]
to love (sb)	dashuroj	[daʃurój]
to make a mistake	gaboj	[gabój]

to manage, to run	drejtoj	[drɛjtój]
to mean (signify)	nënkuptoj	[nənkuptój]
to mention (talk about)	përmend	[pərménd]
to miss (school, etc.)	humbas	[humbás]
to notice (see)	vërej	[vəréj]

to object (vi, vt)	kundërshtoj	[kundərʃtój]
to observe (see)	vëzhgoj	[vəʒgój]
to open (vt)	hap	[hap]
to order (meal, etc.)	porosis	[porosís]
to order (mil.)	urdhëroj	[urðərój]
to own (possess)	zotëroj	[zotərój]

to participate (vi)	marr pjesë	[mar pjésə]
to pay (vi, vt)	paguaj	[pagúaj]
to permit (vt)	lejoj	[lɛjój]
to plan (vt)	planifikoj	[planifikój]
to play (children)	luaj	[lúaj]

to pray (vi, vt)	lutem	[lútɛm]
to prefer (vt)	preferoj	[prɛfɛrój]
to promise (vt)	premtoj	[prɛmtój]
to pronounce (vt)	shqiptoj	[ʃciptój]
to propose (vt)	propozoj	[propozój]
to punish (vt)	ndëshkoj	[ndəʃkój]

13. The most important verbs. Part 4

to read (vi, vt)	lexoj	[lɛdzój]
to recommend (vt)	rekomandoj	[rɛkomandój]
to refuse (vi, vt)	refuzoj	[rɛfuzój]
to regret (be sorry)	pendohem	[pɛndóhɛm]
to rent (sth from sb)	marr me qira	[mar mɛ cirá]

to repeat (say again)	përsëris	[pərsərís]
to reserve, to book	rezervoj	[rɛzɛrvój]
to run (vi)	vrapoj	[vrapój]
to save (rescue)	shpëtoj	[ʃpətój]
to say (~ thank you)	them	[θɛm]
to scold (vt)	qortoj	[cortój]
to see (vt)	shikoj	[ʃikój]

to sell (vt)	shes	[ʃɛs]
to send (vt)	dërgoj	[dərgój]
to shoot (vi)	qëlloj	[cəɫój]

to shout (vi)	bërtas	[bərtás]
to show (vt)	tregoj	[trɛgój]
to sign (document)	nënshkruaj	[nənʃkrúaj]
to sit down (vi)	ulem	[úlɛm]

to smile (vi)	buzëqesh	[buzəcéʃ]
to speak (vi, vt)	flas	[flas]
to steal (money, etc.)	vjedh	[vjɛð]
to stop (for pause, etc.)	ndaloj	[ndalój]
to stop (please ~ calling me)	ndaloj	[ndalój]

to study (vt)	studioj	[studiój]
to swim (vi)	notoj	[notój]
to take (vt)	marr	[mar]
to think (vi, vt)	mendoj	[mɛndój]
to threaten (vt)	kërcënoj	[kərtsənój]

to touch (with hands)	prek	[prɛk]
to translate (vt)	përkthej	[pərkθéj]
to trust (vt)	besoj	[bɛsój]
to try (attempt)	përpiqem	[pərpícɛm]
to turn (e.g., ~ left)	kthej	[kθɛj]

to underestimate (vt)	nënvlerësoj	[nənvlɛrəsój]
to understand (vt)	kuptoj	[kuptój]
to unite (vt)	bashkoj	[baʃkój]
to wait (vt)	pres	[prɛs]

to want (wish, desire)	dëshiroj	[dəʃirój]
to warn (vt)	paralajmëroj	[paralajmərój]
to work (vi)	punoj	[punój]
to write (vt)	shkruaj	[ʃkrúaj]
to write down	mbaj shënim	[mbáj ʃəním]

14. Colors

color	ngjyrë (f)	[ɲɟýrə]
shade (tint)	nuancë (f)	[nuántsə]
hue	tonalitet (m)	[tonalitét]
rainbow	ylber (m)	[ylbér]

white (adj)	e bardhë	[ɛ bárðə]
black (adj)	e zezë	[ɛ zézə]
gray (adj)	gri	[gri]
green (adj)	jeshile	[jɛʃílɛ]

yellow (adj)	e verdhë	[ɛ vérðə]
red (adj)	e kuqe	[ɛ kúcɛ]
blue (adj)	blu	[blu]
light blue (adj)	bojëqielli	[bojəciéti]
pink (adj)	rozë	[rózə]
orange (adj)	portokalli	[portokáti]
violet (adj)	bojëvjollcë	[bojəvjóttsə]
brown (adj)	kafe	[káfɛ]
golden (adj)	e artë	[ɛ ártə]
silvery (adj)	e argjendtë	[ɛ aɲéndtə]
beige (adj)	bezhë	[béʒə]
cream (adj)	krem	[krɛm]
turquoise (adj)	e bruztë	[ɛ brúztə]
cherry red (adj)	qershi	[cɛɾʃí]
lilac (adj)	jargavan	[jargaván]
crimson (adj)	e kuqe e thellë	[ɛ kúcɛ ɛ θétə]
light (adj)	e hapur	[ɛ hápur]
dark (adj)	e errët	[ɛ érət]
bright, vivid (adj)	e ndritshme	[ɛ ndrítʃmɛ]
colored (pencils)	e ngjyrosur	[ɛ ɲɟyrósur]
color (e.g., ~ film)	ngjyrë	[ɲɟýrə]
black-and-white (adj)	bardhë e zi	[bárðə ɛ zi]
plain (one-colored)	njëngjyrëshe	[nəɲɟýrəʃɛ]
multicolored (adj)	shumëngjyrëshe	[ʃuməɲɟýrəʃɛ]

15. Questions

Who?	Kush?	[kuʃ?]
What?	Çka?	[tʃká?]
Where? (at, in)	Ku?	[ku?]
Where (to)?	Për ku?	[pər ku?]
From where?	Nga ku?	[ŋa ku?]
When?	Kur?	[kur?]
Why? (What for?)	Pse?	[psɛ?]
Why? (~ are you crying?)	Pse?	[psɛ?]
What for?	Për çfarë arsye?	[pər tʃfárə arsýɛ?]
How? (in what way)	Si?	[si?]
What? (What kind of ...?)	Çfarë?	[tʃfárə?]
Which?	Cili?	[tsíli?]
To whom?	Kujt?	[kújt?]
About whom?	Për kë?	[pər kə?]
About what?	Për çfarë?	[pər tʃfárə?]
With whom?	Me kë?	[mɛ kə?]

How many? How much?	**Sa?**	[sa?]
Whose?	**Të kujt?**	[tə kujt?]

16. Prepositions

with (accompanied by)	**me**	[mɛ]
without	**pa**	[pa]
to (indicating direction)	**për në**	[pər nə]
about (talking ~ ...)	**për**	[pər]
before (in time)	**përpara**	[pərpára]
in front of ...	**para ...**	[pára ...]
under (beneath, below)	**nën**	[nən]
above (over)	**mbi**	[mbí]
on (atop)	**mbi**	[mbí]
from (off, out of)	**nga**	[ŋa]
of (made from)	**nga**	[ŋa]
in (e.g., ~ ten minutes)	**për**	[pər]
over (across the top of)	**sipër**	[sípər]

17. Function words. Adverbs. Part 1

Where? (at, in)	**Ku?**	[ku?]
here (adv)	**këtu**	[kətú]
there (adv)	**atje**	[atjé]
somewhere (to be)	**diku**	[dikú]
nowhere (not in any place)	**askund**	[askúnd]
by (near, beside)	**afër**	[áfər]
by the window	**tek dritarja**	[tɛk dritárja]
Where (to)?	**Për ku?**	[pər ku?]
here (e.g., come ~!)	**këtu**	[kətú]
there (e.g., to go ~)	**atje**	[atjé]
from here (adv)	**nga këtu**	[ŋa kətú]
from there (adv)	**nga atje**	[ŋa atjɛ]
close (adv)	**pranë**	[pránə]
far (adv)	**larg**	[larg]
near (e.g., ~ Paris)	**afër**	[áfər]
nearby (adv)	**pranë**	[pránə]
not far (adv)	**jo larg**	[jo lárg]
loft (adj)	**majtë**	[májtə]
on the left	**majtas**	[májtas]

English	Albanian	Pronunciation
to the left	në të majtë	[nə tə májtə]
right (adj)	djathtë	[djáθtə]
on the right	djathtas	[djáθtas]
to the right	në të djathtë	[nə tə djáθtə]
in front (adv)	përballë	[pərbátə]
front (as adj)	i përparmë	[i pərpármə]
ahead (the kids ran ~)	përpara	[pərpára]
behind (adv)	prapa	[prápa]
from behind	nga prapa	[ŋa prápa]
back (towards the rear)	pas	[pas]
middle	mes (m)	[mɛs]
in the middle	në mes	[nə mɛs]
at the side	në anë	[nə anə]
everywhere (adv)	kudo	[kúdo]
around (in all directions)	përreth	[pəréθ]
from inside	nga brenda	[ŋa brénda]
somewhere (to go)	diku	[dikú]
straight (directly)	drejt	[dréjt]
back (e.g., come ~)	pas	[pas]
from anywhere	nga kudo	[ŋa kúdo]
from somewhere	nga diku	[ŋa dikú]
firstly (adv)	së pari	[sə pári]
secondly (adv)	së dyti	[sə dýti]
thirdly (adv)	së treti	[sə tréti]
suddenly (adv)	befas	[béfas]
at first (in the beginning)	në fillim	[nə fitím]
for the first time	për herë të parë	[pər hérə tə párə]
long before ...	shumë përpara ...	[ʃúmə pərpára ...]
anew (over again)	sërish	[səríʃ]
for good (adv)	një herë e mirë	[ɲə hérə ɛ mírə]
never (adv)	kurrë	[kúrə]
again (adv)	përsëri	[pərsərí]
now (at present)	tani	[táni]
often (adv)	shpesh	[ʃpɛʃ]
then (adv)	atëherë	[atəhérə]
urgently (quickly)	urgjent	[urɟént]
usually (adv)	zakonisht	[zakoníʃt]
by the way, ...	meqë ra fjala, ...	[mécə ra fjála, ...]
possibly	ndoshta	[ndóʃta]
probably (adv)	mundësisht	[mundəsíʃt]
maybe (adv)	mbase	[mbásɛ]
besides ...	përveç	[pərvétʃ]

that's why ...	ja përse ...	[ja pərsé ...]
in spite of ...	pavarësisht se ...	[pavarəsíʃt sɛ ...]
thanks to ...	falë ...	[fálə ...]

what (pron.)	çfarë	[tʃfárə]
that (conj.)	që	[cə]
something	diçka	[ditʃká]
anything (something)	ndonji gjë	[ndoɲí ɟə]
nothing	asgjë	[asɟé]

who (pron.)	kush	[kuʃ]
someone	dikush	[dikúʃ]
somebody	dikush	[dikúʃ]

nobody	askush	[askúʃ]
nowhere (a voyage to ~)	askund	[askúnd]
nobody's	i askujt	[i askújt]
somebody's	i dikujt	[i dikújt]

so (I'm ~ glad)	aq	[ác]
also (as well)	gjithashtu	[ɟiθaʃtú]
too (as well)	gjithashtu	[ɟiθaʃtú]

18. Function words. Adverbs. Part 2

Why?	Pse?	[psɛ?]
for some reason	për një arsye	[pər ɲə arsýɛ]
because ...	sepse ...	[sɛpsé ...]
for some purpose	për ndonjë shkak	[pər ndóɲə ʃkak]

and	dhe	[ðɛ]
or	ose	[ósɛ]
but	por	[por]
for (e.g., ~ me)	për	[pər]

too (~ many people)	tepër	[tépər]
only (exclusively)	vetëm	[vétəm]
exactly (adv)	pikërisht	[pikəríʃt]
about (more or less)	rreth	[rɛθ]

approximately (adv)	përafërsisht	[pərafərsíʃt]
approximate (adj)	përafört	[pəráfərt]
almost (adv)	pothuajse	[poθúajsɛ]
the rest	mbetje (f)	[mbétjɛ]

the other (second)	tjetri	[tjétri]
other (different)	tjetër	[tjétər]
each (adj)	çdo	[tʃdo]
any (no matter which)	çfarëdo	[tʃfarədó]
many (adj)	disa	[disá]

much (adv)	shumë	[ʃúmə]
many people	shumë njerëz	[ʃúmə ɲérəz]
all (everyone)	të gjithë	[tə ɟíθə]
in return for ...	në vend të ...	[nə vénd tə ...]
in exchange (adv)	në shkëmbim të ...	[nə ʃkəmbím tə ...]
by hand (made)	me dorë	[mɛ dórə]
hardly (negative opinion)	vështirë se ...	[vəʃtírə sɛ ...]
probably (adv)	mundësisht	[mundəsíʃt]
on purpose (intentionally)	me qëllim	[mɛ cəɫím]
by accident (adv)	aksidentalisht	[aksidɛntalíʃt]
very (adv)	shumë	[ʃúmə]
for example (adv)	për shembull	[pər ʃémbuɫ]
between	midis	[midís]
among	rreth	[rɛθ]
so much (such a lot)	kaq shumë	[kác ʃúmə]
especially (adv)	veçanërisht	[vɛtʃanəríʃt]

Basic concepts. Part 2

19. Weekdays

Monday	E hënë (f)	[ɛ hénə]
Tuesday	E martë (f)	[ɛ mártə]
Wednesday	E mërkurë (f)	[ɛ mərkúrə]
Thursday	E enjte (f)	[ɛ éɲtɛ]
Friday	E premte (f)	[ɛ prémtɛ]
Saturday	E shtunë (f)	[ɛ ʃtúnə]
Sunday	E dielë (f)	[ɛ díɛlə]
today (adv)	sot	[sot]
tomorrow (adv)	nesër	[nésər]
the day after tomorrow	pasnesër	[pasnésər]
yesterday (adv)	dje	[djé]
the day before yesterday	pardje	[pardjé]
day	ditë (f)	[dítə]
working day	ditë pune (f)	[dítə púnɛ]
public holiday	festë kombëtare (f)	[féstə kombətárɛ]
day off	ditë pushim (m)	[dítə puʃím]
weekend	fundjavë (f)	[fundjávə]
all day long	gjithë ditën	[ɟíθə dítən]
the next day (adv)	ditën pasardhëse	[dítən pasárðəsɛ]
two days ago	dy ditë më parë	[dy dítə mə párə]
the day before	një ditë më parë	[ɲə dítə mə párə]
daily (adj)	ditor	[ditór]
every day (adv)	çdo ditë	[tʃdo dítə]
week	javë (f)	[jávə]
last week (adv)	javën e kaluar	[jávən ɛ kalúar]
next week (adv)	javën e ardhshme	[jávən ɛ árðʃmɛ]
weekly (adj)	javor	[javór]
every week (adv)	çdo javë	[tʃdo jávə]
twice a week	dy herë në javë	[dy hérə nə jávə]
every Tuesday	çdo të martë	[tʃdo tə mártə]

20. Hours. Day and night

morning	mëngjes (m)	[məɲɟés]
in the morning	në mëngjes	[nə məɲɟés]
noon, midday	mesditë (f)	[mɛsdítə]

in the afternoon	pasdite	[pasdítɛ]
evening	mbrëmje (f)	[mbrə́mjɛ]
in the evening	në mbrëmje	[nə mbrə́mjɛ]
night	natë (f)	[nátə]
at night	natën	[nátən]
midnight	mesnatë (f)	[mɛsnátə]

second	sekondë (f)	[sɛkóndə]
minute	minutë (f)	[minútə]
hour	orë (f)	[órə]
half an hour	gjysmë ore (f)	[ɟýsmə órɛ]
a quarter-hour	çerek ore (m)	[tʃɛrék órɛ]
fifteen minutes	pesëmbëdhjetë minuta	[pɛsəmbəðjétə minúta]
24 hours	24 orë	[ɲəzét ɛ kátər órə]

sunrise	agim (m)	[agím]
dawn	agim (m)	[agím]
early morning	mëngjes herët (m)	[mənɟés hérət]
sunset	perëndim dielli (m)	[pɛrəndím diéɬi]

early in the morning	herët në mëngjes	[hérət nə mənɟés]
this morning	sot në mëngjes	[sot nə mənɟés]
tomorrow morning	nesër në mëngjes	[nésər nə mənɟés]

this afternoon	sot pasdite	[sot pasdítɛ]
in the afternoon	pasdite	[pasdítɛ]
tomorrow afternoon	nesër pasdite	[nésər pasdítɛ]

| tonight (this evening) | sonte në mbrëmje | [sóntɛ nə mbrəmjɛ] |
| tomorrow night | nesër në mbrëmje | [nésər nə mbrə́mjɛ] |

at 3 o'clock sharp	në orën 3 fiks	[nə órən trɛ fiks]
about 4 o'clock	rreth orës 4	[rɛθ órəs kátər]
by 12 o'clock	deri në orën 12	[déri nə órən dymbəðjétə]

in 20 minutes	për 20 minuta	[pər ɲəzét minúta]
in an hour	për një orë	[pər ɲə órə]
on time (adv)	në orar	[nə orár]

a quarter to ...	çerek ...	[tʃɛrék ...]
within an hour	brenda një ore	[brénda ɲə órɛ]
every 15 minutes	çdo 15 minuta	[tʃdo pɛsəmbəðjétə minúta]
round the clock	gjithë ditën	[ɟíθə dítən]

21. Months. Seasons

January	**Janar** (m)	[janár]
February	**Shkurt** (m)	[ʃkurt]
March	**Mars** (m)	[mars]
April	**Prill** (m)	[priɬ]

May	**Maj** (m)	[maj]
June	**Qershor** (m)	[cɛrʃór]
July	**Korrik** (m)	[korík]
August	**Gusht** (m)	[guʃt]
September	**Shtator** (m)	[ʃtatór]
October	**Tetor** (m)	[tɛtór]
November	**Nëntor** (m)	[nəntór]
December	**Dhjetor** (m)	[ðjɛtór]
spring	**pranverë** (f)	[pranvérə]
in spring	**në pranverë**	[nə pranvérə]
spring (as adj)	**pranveror**	[pranvɛrór]
summer	**verë** (f)	[vérə]
in summer	**në verë**	[nə vérə]
summer (as adj)	**veror**	[vɛrór]
fall	**vjeshtë** (f)	[vjéʃtə]
in fall	**në vjeshtë**	[nə vjéʃtə]
fall (as adj)	**vjeshtor**	[vjéʃtor]
winter	**dimër** (m)	[dímər]
in winter	**në dimër**	[nə dímər]
winter (as adj)	**dimëror**	[dimərór]
month	**muaj** (m)	[múaj]
this month	**këtë muaj**	[kətə múaj]
next month	**muajin tjetër**	[múajin tjétər]
last month	**muajin e kaluar**	[múajin ɛ kalúar]
a month ago	**para një muaji**	[pára ɲə múaji]
in a month (a month later)	**pas një muaji**	[pas ɲə múaji]
in 2 months (2 months later)	**pas dy muajsh**	[pas dy múajʃ]
the whole month	**gjithë muajin**	[ɟíθə múajin]
all month long	**gjatë gjithë muajit**	[ɟátə ɟíθə múajit]
monthly (~ magazine)	**mujor**	[mujór]
monthly (adv)	**mujor**	[mujór]
every month	**çdo muaj**	[tʃdo múaj]
twice a month	**dy herë në muaj**	[dy hérə nə múaj]
year	**vit** (m)	[vit]
this year	**këtë vit**	[kətə vít]
next year	**vitin tjetër**	[vítin tjétər]
last year	**vitin e kaluar**	[vítin ɛ kalúar]
a year ago	**para një viti**	[pára ɲə víti]
in a year	**për një vit**	[pər ɲə vit]
in two years	**për dy vite**	[pər dy vítɛ]
the whole year	**gjithë vitin**	[ɟíθə vítin]

all year long	gjatë gjithë vitit	[ɟátə ɟíθə vítit]
every year	çdo vit	[tʃdo vít]
annual (adj)	vjetor	[vjɛtór]
annually (adv)	çdo vit	[tʃdo vít]
4 times a year	4 herë në vit	[kátər hérə nə vit]

date (e.g., today's ~)	datë (f)	[dátə]
date (e.g., ~ of birth)	data (f)	[dáta]
calendar	kalendar (m)	[kalɛndár]

half a year	gjysmë viti	[ɟýsmə víti]
six months	gjashtë muaj	[ɟáʃtə múaj]
season (summer, etc.)	stinë (f)	[stínə]
century	shekull (m)	[ʃékuɫ]

22. Units of measurement

weight	peshë (f)	[péʃə]
length	gjatësi (f)	[ɟatəsí]
width	gjerësi (f)	[ɟɛrəsí]
height	lartësi (f)	[lartəsí]
depth	thellësi (f)	[θɛɬəsí]
volume	vëllim (m)	[vəɬím]
area	sipërfaqe (f)	[sipərfácɛ]

gram	gram (m)	[gram]
milligram	miligram (m)	[miligrám]
kilogram	kilogram (m)	[kilográm]
ton	ton (m)	[ton]
pound	paund (m)	[páund]
ounce	ons (m)	[ons]

meter	metër (m)	[métər]
millimeter	milimetër (m)	[milimétər]
centimeter	centimetër (m)	[tsɛntimétər]
kilometer	kilometër (m)	[kilométər]
mile	milje (f)	[míljɛ]

inch	inç (m)	[intʃ]
foot	këmbë (f)	[kémbə]
yard	jard (m)	[járd]

| square meter | metër katror (m) | [métər katrór] |
| hectare | hektar (m) | [hɛktár] |

liter	litër (m)	[lítər]
degree	gradë (f)	[grádə]
volt	volt (m)	[volt]
ampere	amper (m)	[ampér]
horsepower	kuaj-fuqi (f)	[kúaj-fucí]

quantity	sasi (f)	[sasí]
a little bit of ...	pak ...	[pak ...]
half	gjysmë (f)	[ɟýsmə]
dozen	dyzinë (f)	[dyzínə]
piece (item)	copë (f)	[tsópə]

| size | madhësi (f) | [maðəsí] |
| scale (map ~) | shkallë (f) | [ʃkátə] |

minimal (adj)	minimale	[minimálɛ]
the smallest (adj)	më i vogli	[mə i vógli]
medium (adj)	i mesëm	[i mésəm]
maximal (adj)	maksimale	[maksimálɛ]
the largest (adj)	më i madhi	[mə i máði]

23. Containers

canning jar (glass ~)	kavanoz (m)	[kavanóz]
can	kanoçe (f)	[kanótʃɛ]
bucket	kovë (f)	[kóvə]
barrel	fuçi (f)	[futʃí]

wash basin (e.g., plastic ~)	legen (m)	[lɛgén]
tank (100L water ~)	tank (m)	[tank]
hip flask	faqore (f)	[facórɛ]
jerrycan	bidon (m)	[bidón]
tank (e.g., tank car)	cisternë (f)	[tsistérnə]

mug	tas (m)	[tas]
cup (of coffee, etc.)	filxhan (m)	[fildʒán]
saucer	pjatë filxhani (f)	[pjátə fildʒáni]
glass (tumbler)	gotë (f)	[gótə]
wine glass	gotë vere (f)	[gótə vérɛ]
stock pot (soup pot)	tenxhere (f)	[tɛndʒérɛ]

| bottle (~ of wine) | shishe (f) | [ʃíʃɛ] |
| neck (of the bottle, etc.) | grykë | [grýkə] |

carafe (decanter)	brokë (f)	[brókə]
pitcher	shtambë (f)	[ʃtámbə]
vessel (container)	enë (f)	[énə]
pot (crock, stoneware ~)	enë (f)	[énə]
vase	vazo (f)	[vázo]

flacon, bottle (perfume ~)	shishe (f)	[ʃíʃɛ]
vial, small bottle	shishkë (f)	[ʃíʃkə]
tube (of toothpaste)	tubet (f)	[tubét]

| sack (bag) | thes (m) | [θɛs] |
| bag (paper ~, plastic ~) | qese (f) | [césɛ] |

pack (of cigarettes, etc.)	**paketë** (f)	[pakétə]
box (e.g., shoebox)	**kuti** (f)	[kutí]
crate	**arkë** (f)	[árkə]
basket	**shportë** (f)	[ʃpórtə]

HUMAN BEING

Human being. The body

24. Head

head	kokë (f)	[kókə]
face	fytyrë (f)	[fytýrə]
nose	hundë (f)	[húndə]
mouth	gojë (f)	[gójə]
eye	sy (m)	[sy]
eyes	sytë	[sýtə]
pupil	bebëz (f)	[bébəz]
eyebrow	vetull (f)	[vétuɫ]
eyelash	qerpik (m)	[cɛrpík]
eyelid	qepallë (f)	[cɛpáɫə]
tongue	gjuhë (f)	[ɟúhə]
tooth	dhëmb (m)	[ðəmb]
lips	buzë (f)	[búzə]
cheekbones	mollëza (f)	[móɫəza]
gum	mishrat e dhëmbëve	[míʃrat ɛ ðəmbəvɛ]
palate	qiellzë (f)	[ciéɫzə]
nostrils	vrimat e hundës (pl)	[vrímat ɛ húndəs]
chin	mjekër (f)	[mjékər]
jaw	nofull (f)	[nófuɫ]
cheek	faqe (f)	[fácɛ]
forehead	ball (m)	[báɫ]
temple	tëmth (m)	[təmθ]
ear	vesh (m)	[vɛʃ]
back of the head	zverk (m)	[zvɛrk]
neck	qafë (f)	[cáfə]
throat	fyt (m)	[fyt]
hair	flokë (pl)	[flókə]
hairstyle	model flokësh (m)	[modél flókəʃ]
haircut	prerje flokësh (f)	[prérjɛ flókəʃ]
wig	paruke (f)	[parúkɛ]
mustache	mustaqe (f)	[mustácɛ]
beard	mjokör (f)	[mjékər]
to have (a beard, etc.)	lë mjekër	[lə mjékər]

| braid | gërshet (m) | [gərʃét] |
| sideburns | baseta (f) | [baséta] |

red-haired (adj)	flokëkuqe	[flokəkúcɛ]
gray (hair)	thinja	[θíɲa]
bald (adj)	qeros	[cɛrós]
bald patch	tullë (f)	[túɫə]

| ponytail | bishtalec (m) | [biʃtaléts] |
| bangs | balluke (f) | [baɫúkɛ] |

25. Human body

| hand | dorë (f) | [dórə] |
| arm | krah (m) | [krah] |

finger	gisht i dorës (m)	[gíʃt i dórəs]
toe	gisht i këmbës (m)	[gíʃt i kémbəs]
thumb	gishti i madh (m)	[gíʃti i máð]
little finger	gishti i vogël (m)	[gíʃti i vógəl]
nail	thua (f)	[θúa]

fist	grusht (m)	[grúʃt]
palm	pëllëmbë dore (f)	[pəɫémbə dórɛ]
wrist	kyç (m)	[kytʃ]
forearm	parakrah (m)	[parakráh]
elbow	bërryl (m)	[bərýl]
shoulder	shpatull (f)	[ʃpátuɫ]

leg	këmbë (f)	[kémbə]
foot	shputë (f)	[ʃpútə]
knee	gju (m)	[ɟú]
calf (part of leg)	pulpë (f)	[púlpə]
hip	ijë (f)	[íjə]
heel	thembër (f)	[θémbər]

body	trup (m)	[trup]
stomach	stomak (m)	[stomák]
chest	kraharor (m)	[kraharór]
breast	gjoks (m)	[ɟóks]

flank	krah (m)	[krah]
back	kurriz (m)	[kuríz]
lower back	fundshpina (f)	[fundʃpína]
waist	beli (m)	[béli]
navel (belly button)	kërthizë (f)	[kərθízə]
buttocks	vithe (f)	[víθɛ]
bottom	prapanica (f)	[prapanítsa]

| beauty mark | nishan (m) | [niʃán] |

birthmark (café au lait spot)	shenjë lindjeje (f)	[ʃéɲə líndjɛjɛ]
tattoo	tatuazh (m)	[tatuáʒ]
scar	shenjë (f)	[ʃéɲə]

Clothing & Accessories

26. Outerwear. Coats

clothes	rroba (f)	[róba]
outerwear	veshje e sipërme (f)	[véʃjɛ ɛ sípərmɛ]
winter clothing	veshje dimri (f)	[véʃjɛ dímri]
coat (overcoat)	pallto (f)	[páɫto]
fur coat	gëzof (m)	[gəzóf]
fur jacket	xhaketë lëkure (f)	[dʒakétə ləkúrɛ]
down coat	xhup (m)	[dʒup]
jacket (e.g., leather ~)	xhaketë (f)	[dʒakétə]
raincoat (trenchcoat, etc.)	pardesy (f)	[pardɛsý]
waterproof (adj)	kundër shiut	[kúndər ʃiut]

27. Men's & women's clothing

shirt (button shirt)	këmishë (f)	[kəmíʃə]
pants	pantallona (f)	[pantaɫóna]
jeans	xhinse (f)	[dʒínsɛ]
suit jacket	xhaketë kostumi (f)	[dʒakétə kostúmi]
suit	kostum (m)	[kostúm]
dress (frock)	fustan (m)	[fustán]
skirt	fund (m)	[fund]
blouse	bluzë (f)	[blúzə]
knitted jacket (cardigan, etc.)	xhaketë me thurje (f)	[dʒakétə mɛ θúrjɛ]
jacket (of woman's suit)	xhaketë femrash (f)	[dʒakétə fémraʃ]
T-shirt	bluzë (f)	[blúzə]
shorts (short trousers)	pantallona të shkurtra (f)	[pantaɫóna tə ʃkúrtra]
tracksuit	tuta sportive (f)	[túta sportívɛ]
bathrobe	peshqir trupi (m)	[pɛʃcír trúpi]
pajamas	pizhame (f)	[piʒámɛ]
sweater	triko (f)	[tríko]
pullover	pulovër (m)	[pulóvər]
vest	jelek (m)	[jɛlék]
tailcoat	frak (m)	[frak]
tuxedo	smoking (m)	[smokíŋ]

uniform	uniformë (f)	[unifórmə]
workwear	rroba pune (f)	[róba púnɛ]
overalls	kominoshe (f)	[kominóʃɛ]
coat (e.g., doctor's smock)	uniformë (f)	[unifórmə]

28. Clothing. Underwear

underwear	të brendshme (f)	[tə bréndʃmɛ]
boxers, briefs	boksera (f)	[bokséra]
panties	brekë (f)	[brékə]
undershirt (A-shirt)	fanellë (f)	[fanétə]
socks	çorape (pl)	[tʃorápɛ]

nightdress	këmishë nate (f)	[kəmíʃə nátɛ]
bra	sytjena (f)	[sytjéna]
knee highs (knee-high socks)	çorape déri tek gjuri (pl)	[tʃorápɛ déri ték ɟúri]

pantyhose	geta (f)	[géta]
stockings (thigh highs)	çorape të holla (pl)	[tʃorápɛ tə hóɫa]
bathing suit	rrobë banje (f)	[róbə báɲɛ]

29. Headwear

hat	kapelë (f)	[kapélə]
fedora	kapelë republike (f)	[kapélə rɛpublíkɛ]
baseball cap	kapelë bejsbolli (f)	[kapélə bɛjsbóɫi]
flatcap	kapelë e sheshtë (f)	[kapélə ɛ ʃéʃtə]

beret	beretë (f)	[bɛrétə]
hood	kapuç (m)	[kapútʃ]
panama hat	kapelë panama (f)	[kapélə panamá]
knit cap (knitted hat)	kapuç leshi (m)	[kapútʃ léʃi]

headscarf	shami (f)	[ʃamí]
women's hat	kapelë femrash (f)	[kapélə fémraʃ]
hard hat	helmetë (f)	[hɛlmétə]
garrison cap	kapelë ushtrie (f)	[kapélə uʃtríɛ]
helmet	helmetë (f)	[hɛlmétə]

| derby | kapelë derby (f) | [kɑpólə dérhy] |
| top hat | kapelë cilindër (f) | [kapélə tsilíndər] |

30. Footwear

| footwear | këpucë (pl) | [kəpútsə] |
| shoes (men's shoes) | këpucë burrash (pl) | [kəpútsə búraʃ] |

shoes (women's shoes)	këpucë grash (pl)	[kəpútsə gráʃ]
boots (e.g., cowboy ~)	çizme (pl)	[tʃízmɛ]
slippers	pantofla (pl)	[pantófla]

tennis shoes (e.g., Nike ~)	atlete tenisi (pl)	[atlétɛ tɛnísi]
sneakers (e.g., Converse ~)	atlete (pl)	[atlétɛ]
sandals	sandale (pl)	[sandálɛ]

cobbler (shoe repairer)	këpucëtar (m)	[kəputsətár]
heel	takë (f)	[tákə]
pair (of shoes)	palë (f)	[pálə]

shoestring	lidhëse këpucësh (f)	[líðəsɛ kəpútsəʃ]
to lace (vt)	lidh këpucët	[lið kəpútsət]
shoehorn	lugë këpucësh (f)	[lúgə kəpútsəʃ]
shoe polish	bojë këpucësh (f)	[bójə kəpútsəʃ]

31. Personal accessories

gloves	dorëza (pl)	[dórəza]
mittens	doreza (f)	[doréza]
scarf (muffler)	shall (m)	[ʃaɫ]

glasses (eyeglasses)	syze (f)	[sýzɛ]
frame (eyeglass ~)	skelet syzesh (m)	[skɛlét sýzɛʃ]
umbrella	çadër (f)	[tʃádər]
walking stick	bastun (m)	[bastún]

| hairbrush | furçë flokësh (f) | [fúrtʃə flókəʃ] |
| fan | erashkë (f) | [ɛráʃkə] |

| tie (necktie) | kravatë (f) | [kravátə] |
| bow tie | papion (m) | [papión] |

| suspenders | aski (pl) | [askí] |
| handkerchief | shami (f) | [ʃamí] |

| comb | krehër (m) | [kréhər] |
| barrette | kapëse flokësh (f) | [kápəsɛ flókəʃ] |

| hairpin | karficë (f) | [karfítsə] |
| buckle | tokëz (f) | [tókəz] |

| belt | rrip (m) | [rip] |
| shoulder strap | rrip supi (m) | [rip súpi] |

bag (handbag)	çantë dore (f)	[tʃántə dórɛ]
purse	çantë (f)	[tʃántə]
backpack	çantë shpine (f)	[tʃántɛ ʃpínɛ]

32. Clothing. Miscellaneous

fashion	**modë** (f)	[módə]
in vogue (adj)	**në modë**	[nə módə]
fashion designer	**stilist** (m)	[stilíst]
collar	**jakë** (f)	[jákə]
pocket	**xhep** (m)	[dʒɛp]
pocket (as adj)	**i xhepit**	[i dʒépit]
sleeve	**mëngë** (f)	[mə́ŋə]
hanging loop	**hallkë për varje** (f)	[hátkə pər várjɛ]
fly (on trousers)	**zinxhir** (m)	[zindʒír]
zipper (fastener)	**zinxhir** (m)	[zindʒír]
fastener	**kapëse** (f)	[kápəsɛ]
button	**kopsë** (f)	[kópsə]
buttonhole	**vrimë kopse** (f)	[vrímə kópsɛ]
to come off (ab. button)	**këputet**	[kəpútɛt]
to sew (vi, vt)	**qep**	[cɛp]
to embroider (vi, vt)	**qëndis**	[cəndís]
embroidery	**qëndisje** (f)	[cəndísjɛ]
sewing needle	**gjilpërë për qepje** (f)	[ɟilpérə pər cépjɛ]
thread	**pe** (m)	[pɛ]
seam	**tegel** (m)	[tɛgél]
to get dirty (vi)	**bëhem pis**	[bə́hɛm pis]
stain (mark, spot)	**njollë** (f)	[ɲótə]
to crease, crumple (vi)	**zhubros**	[ʒubrós]
to tear, to rip (vt)	**gris**	[gris]
clothes moth	**molë rrobash** (f)	[mólə róbaʃ]

33. Personal care. Cosmetics

toothpaste	**pastë dhëmbësh** (f)	[pástə ðə́mbəʃ]
toothbrush	**furçë dhëmbësh** (f)	[fúrtʃə ðə́mbəʃ]
to brush one's teeth	**laj dhëmbët**	[laj ðə́mbət]
razor	**brisk** (m)	[brísk]
shaving cream	**pastë rroje** (f)	[pástə rójɛ]
to shave (vi)	**rruhem**	[rúhɛm]
soap	**sapun** (m)	[sapún]
shampoo	**shampo** (f)	[ʃampó]
scissors	**gërshërë** (f)	[gərʃérə]
nail file	**limë thonjsh** (f)	[límə θóɲʃ]
nail clippers	**prerëse thonjsh** (f)	[prérəsɛ θóɲʃ]
tweezers	**piskatore vetullash** (f)	[piskatórɛ vétutaʃ]

cosmetics	kozmetikë (f)	[kozmɛtíkə]
face mask	maskë fytyre (f)	[máskə fytýrɛ]
manicure	manikyr (m)	[manikýr]
to have a manicure	bëj manikyr	[bəj manikýr]
pedicure	pedikyr (m)	[pɛdikýr]

make-up bag	çantë kozmetike (f)	[tʃántə kozmɛtíkɛ]
face powder	pudër fytyre (f)	[púdər fytýrɛ]
powder compact	pudër kompakte (f)	[púdər kompáktɛ]
blusher	ruzh (m)	[ruʒ]

perfume (bottled)	parfum (m)	[parfúm]
toilet water (lotion)	parfum (m)	[parfúm]
lotion	krem (m)	[krɛm]
cologne	kolonjë (f)	[kolóɲə]

eyeshadow	rimel (m)	[rimél]
eyeliner	laps për sy (m)	[láps pər sy]
mascara	rimel (m)	[rimél]

lipstick	buzëkuq (m)	[buzəkúc]
nail polish, enamel	llak për thonj (m)	[ɫak pər θóɲ]
hair spray	llak flokësh (m)	[ɫak flókəʃ]
deodorant	deodorant (m)	[dɛodoránt]

cream	krem (m)	[krɛm]
face cream	krem për fytyrë (m)	[krɛm pər fytýrə]
hand cream	krem për duar (m)	[krɛm pər dúar]
anti-wrinkle cream	krem kundër rrudhave (m)	[krɛm kúndər rúðavɛ]
day cream	krem dite (m)	[krɛm dítɛ]
night cream	krem nate (m)	[krɛm nátɛ]
day (as adj)	dite	[dítɛ]
night (as adj)	nate	[nátɛ]

tampon	tampon (m)	[tampón]
toilet paper (toilet roll)	letër higjienike (f)	[létər hiɟiɛníkɛ]
hair dryer	tharëse flokësh (f)	[θárəsɛ flókəʃ]

34. Watches. Clocks

watch (wristwatch)	orë dore (f)	[órə dórɛ]
dial	faqe e orës (f)	[fácɛ ɛ órəs]
hand (of clock, watch)	akrep (m)	[akrép]
metal watch band	rrip metalik ore (m)	[rip mɛtalík órɛ]
watch strap	rrip ore (m)	[rip órɛ]

battery	bateri (f)	[batɛrí]
to be dead (battery)	e shkarkuar	[ɛ ʃkarkúar]
to change a battery	ndërroj baterinë	[ndərój batɛrínə]
to run fast	kalon shpejt	[kalón ʃpéjt]

to run slow	**ngel prapa**	[ŋɛl prápa]
wall clock	**orë muri** (f)	[órə múri]
hourglass	**orë rëre** (f)	[órə rərɛ]
sundial	**orë diellore** (f)	[órə diɛɫórɛ]
alarm clock	**orë me zile** (f)	[órə mɛ zílɛ]
watchmaker	**orëndreqës** (m)	[orəndrécəs]
to repair (vt)	**ndreq**	[ndréc]

Food. Nutricion

35. Food

English	Albanian	Pronunciation
meat	mish (m)	[miʃ]
chicken	pulë (f)	[púlə]
Rock Cornish hen (poussin)	mish pule (m)	[miʃ púlɛ]
duck	rosë (f)	[rósə]
goose	patë (f)	[pátə]
game	gjah (m)	[ɟáh]
turkey	mish gjel deti (m)	[miʃ ɟɛl déti]
pork	mish derri (m)	[miʃ déri]
veal	mish viçi (m)	[miʃ vítʃi]
lamb	mish qengji (m)	[miʃ céɲɟi]
beef	mish lope (m)	[miʃ lópɛ]
rabbit	mish lepuri (m)	[miʃ lépuri]
sausage (bologna, etc.)	salsiçe (f)	[salsítʃɛ]
vienna sausage (frankfurter)	salsiçe vjeneze (f)	[salsítʃɛ vjɛnézɛ]
bacon	proshutë (f)	[proʃútə]
ham	sallam (m)	[sałám]
gammon	kofshë derri (f)	[kófʃə déri]
pâté	pate (f)	[paté]
liver	mëlçi (f)	[məltʃi]
hamburger (ground beef)	hamburger (m)	[hamburgér]
tongue	gjuhë (f)	[ɟúhə]
egg	ve (f)	[vɛ]
eggs	vezë (pl)	[vézə]
egg white	e bardhë veze (f)	[ɛ bárðə vézɛ]
egg yolk	e verdhë veze (f)	[ɛ vérðə vézɛ]
fish	peshk (m)	[pɛʃk]
seafood	fruta deti (pl)	[frúta déti]
crustaceans	krustace (pl)	[krustátsɛ]
caviar	havjar (m)	[havjár]
crab	gaforre (f)	[gafórɛ]
shrimp	karkalec (m)	[karkaléts]
oyster	midhje (f)	[míðjɛ]
spiny lobster	karavidhe (f)	[karavíðɛ]
octopus	oktapod (m)	[oktapód]

squid	kallamarë (f)	[kaɫamárə]
sturgeon	bli (m)	[blí]
salmon	salmon (m)	[salmón]
halibut	shojzë e Atlantikut Verior (f)	[ʃójzə ɛ atlantíkut vɛɾióɾ]

cod	merluc (m)	[mɛrlúts]
mackerel	skumbri (m)	[skúmbri]
tuna	tunë (f)	[túnə]
eel	ngjalë (f)	[nɟálə]

trout	troftë (f)	[tróftə]
sardine	sardele (f)	[sardélɛ]
pike	mlysh (m)	[mlýʃ]
herring	harengë (f)	[haréŋə]

bread	bukë (f)	[búkə]
cheese	djath (m)	[djáθ]
sugar	sheqer (m)	[ʃɛcéɾ]
salt	kripë (f)	[krípə]

rice	oriz (m)	[oríz]
pasta (macaroni)	makarona (f)	[makaróna]
noodles	makarona petë (f)	[makaróna pétə]

| butter | gjalp (m) | [ɟalp] |
| vegetable oil | vaj vegjetal (m) | [vaj vɛɟɛtál] |

| sunflower oil | vaj luledielli (m) | [vaj lulɛdiéɬi] |
| margarine | margarinë (f) | [margarínə] |

| olives | ullinj (pl) | [uɬíɲ] |
| olive oil | vaj ulliri (m) | [vaj uɬíri] |

milk	qumësht (m)	[cúməʃt]
condensed milk	qumësht i kondensuar (m)	[cúməʃt i kondɛnsúar]
yogurt	kos (m)	[kos]

| sour cream | salcë kosi (f) | [sáltsə kosi] |
| cream (of milk) | krem qumështi (m) | [krɛm cúməʃti] |

| mayonnaise | majonezë (f) | [majonézə] |
| buttercream | krem gjalpi (m) | [krɛm ɟálpi] |

groats (barley ~, etc.)	drithëra (pl)	[dríθəra]
flour	miell (m)	[míɛɬ]
canned food	konserva (f)	[konsérva]

cornflakes	kornfleiks (m)	[kornfléiks]
honey	mjaltë (f)	[mjáltə]
jam	reçel (rri)	[rɛtʃéɬ]
chewing gum	çamçakëz (m)	[tʃamtʃakéz]

36. Drinks

water	ujë (m)	[újə]
drinking water	ujë i pijshëm (m)	[újə i píjʃəm]
mineral water	ujë mineral (m)	[újə minɛrál]

still (adj)	ujë natyral	[újə natyrál]
carbonated (adj)	ujë i karbonuar	[újə i karbonúar]
sparkling (adj)	ujë i gazuar	[újə i gazúar]
ice	akull (m)	[ákuɫ]
with ice	me akull	[mɛ ákuɫ]

non-alcoholic (adj)	jo alkoolik	[jo alkoolík]
soft drink	pije e lehtë (f)	[píjɛ ɛ léhtə]
refreshing drink	pije freskuese (f)	[píjɛ frɛskúɛsɛ]
lemonade	limonadë (f)	[limonádə]

liquors	likere (pl)	[likérɛ]
wine	verë (f)	[vérə]
white wine	verë e bardhë (f)	[vérə ɛ bárðə]
red wine	verë e kuqe (f)	[vérə ɛ kúcɛ]

liqueur	liker (m)	[likér]
champagne	shampanjë (f)	[ʃampáɲə]
vermouth	vermut (m)	[vɛrmút]

whiskey	uiski (m)	[víski]
vodka	vodkë (f)	[vódkə]
gin	xhin (m)	[dʒin]
cognac	konjak (m)	[koɲák]
rum	rum (m)	[rum]

coffee	kafe (f)	[káfɛ]
black coffee	kafe e zezë (f)	[káfɛ ɛ zézə]
coffee with milk	kafe me qumësht (m)	[káfɛ mɛ cúməʃt]
cappuccino	kapuçino (m)	[kaputʃíno]
instant coffee	neskafe (f)	[nɛskáfɛ]

milk	qumësht (m)	[cúməʃt]
cocktail	koktej (m)	[koktéj]
milkshake	milkshake (f)	[milkʃákɛ]

juice	lëng frutash (m)	[lən frútaʃ]
tomato juice	lëng domatesh (m)	[lən domátɛʃ]
orange juice	lëng portokalli (m)	[lən portokáɫi]
freshly squeezed juice	lëng frutash i freskët (m)	[lən frútaʃ i fréskət]

beer	birrë (f)	[bírə]
light beer	birrë e lehtë (f)	[bíra ɛ léhtə]
dark beer	birrë e zezë (f)	[bíra ɛ zézə]
tea	çaj (m)	[tʃáj]

black tea	çaj i zi (m)	[tʃáj i zí]
green tea	çaj jeshil (m)	[tʃáj jɛʃíl]

37. Vegetables

vegetables	perime (pl)	[pɛrímɛ]
greens	zarzavate (pl)	[zaɾzavátɛ]
tomato	domate (f)	[domátɛ]
cucumber	kastravec (m)	[kastravéts]
carrot	karotë (f)	[karótə]
potato	patate (f)	[patátɛ]
onion	qepë (f)	[cépə]
garlic	hudhër (f)	[húðəɾ]
cabbage	lakër (f)	[lákəɾ]
cauliflower	lulelakër (f)	[lulɛlákəɾ]
Brussels sprouts	lakër Brukseli (f)	[lákəɾ brukséli]
broccoli	brokoli (m)	[brókoli]
beet	panxhar (m)	[pandʒáɾ]
eggplant	patëllxhan (m)	[patəɫdʒán]
zucchini	kungulleshë (m)	[kuŋuɫéʃə]
pumpkin	kungull (m)	[kúŋuɫ]
turnip	rrepë (f)	[répə]
parsley	majdanoz (m)	[majdanóz]
dill	kopër (f)	[kópəɾ]
lettuce	sallatë jeshile (f)	[saɫátə jɛʃílɛ]
celery	selino (f)	[sɛlíno]
asparagus	asparagus (m)	[asparágus]
spinach	spinaq (m)	[spinác]
pea	bizele (f)	[bizélɛ]
beans	fasule (f)	[fasúlɛ]
corn (maize)	misër (m)	[mísəɾ]
kidney bean	groshë (f)	[gróʃə]
bell pepper	spec (m)	[spɛts]
radish	rrepkë (f)	[répkə]
artichoke	angjinare (f)	[aɲɟináɾɛ]

38. Fruits. Nuts

fruit	frut (m)	[frut]
apple	mollë (f)	[móɫə]
pear	dardhë (f)	[dáɾðə]
lemon	limon (m)	[limón]

| orange | portokall (m) | [portokáɫ] |
| strawberry (garden ~) | luleshtrydhe (f) | [luleʃtrýðɛ] |

mandarin	mandarinë (f)	[mandarínə]
plum	kumbull (f)	[kúmbuɫ]
peach	pjeshkë (f)	[pjéʃkə]
apricot	kajsi (f)	[kajsí]
raspberry	mjedër (f)	[mjédər]
pineapple	ananas (m)	[ananás]

banana	banane (f)	[banánɛ]
watermelon	shalqi (m)	[ʃalcí]
grape	rrush (m)	[ruʃ]
sour cherry	qershi vishnje (f)	[cɛrʃí víʃɲɛ]
sweet cherry	qershi (f)	[cɛrʃí]
melon	pjepër (m)	[pjépər]

grapefruit	grejpfrut (m)	[grɛjpfrút]
avocado	avokado (f)	[avokádo]
papaya	papaja (f)	[papája]
mango	mango (f)	[máŋo]
pomegranate	shegë (f)	[ʃégə]

redcurrant	kaliboba e kuqe (f)	[kalibóba ɛ kúcɛ]
blackcurrant	kaliboba e zezë (f)	[kalibóba ɛ zézə]
gooseberry	kulumbri (f)	[kulumbrí]
bilberry	boronicë (f)	[boronítsə]
blackberry	manaferra (f)	[manaféra]

raisin	rrush i thatë (m)	[ruʃ i θátə]
fig	fik (m)	[fik]
date	hurmë (f)	[húrmə]

peanut	kikirik (m)	[kikirík]
almond	bajame (f)	[bajámɛ]
walnut	arrë (f)	[árə]
hazelnut	lajthi (f)	[lajθí]
coconut	arrë kokosi (f)	[árə kokósi]
pistachios	fëstëk (m)	[fəsték]

39. Bread. Candy

bakers' confectionery (pastry)	ëmbëlsira (pl)	[əmbəlsíra]
bread	bukë (f)	[búkə]
cookies	biskota (pl)	[biskóta]

chocolate (n)	çokollatë (f)	[tʃokoɫátə]
chocolate (as adj)	prej çokollate	[prɛj tʃokoɫátɛ]
candy (wrapped)	karamele (f)	[karamélɛ]

cake (e.g., cupcake)	kek (m)	[kék]
cake (e.g., birthday ~)	tortë (f)	[tórtə]
pie (e.g., apple ~)	tortë (f)	[tórtə]
filling (for cake, pie)	mbushje (f)	[mbúʃjɛ]
jam (whole fruit jam)	reçel (m)	[rɛtʃél]
marmalade	marmelatë (f)	[marmɛlátə]
wafers	vafera (pl)	[vaféra]
ice-cream	akullore (f)	[akuɫórɛ]
pudding	puding (m)	[pudíŋ]

40. Cooked dishes

course, dish	pjatë (f)	[pjátə]
cuisine	kuzhinë (f)	[kuʒínə]
recipe	recetë (f)	[rɛtsétə]
portion	racion (m)	[ratsión]
salad	sallatë (f)	[saɫátə]
soup	supë (f)	[súpə]
clear soup (broth)	lëng mishi (m)	[ləŋ míʃi]
sandwich (bread)	sandviç (m)	[sandvítʃ]
fried eggs	vezë të skuqura (pl)	[vézə tə skúcura]
hamburger (beefburger)	hamburger	[hamburgér]
beefsteak	biftek (m)	[bifték]
side dish	garniturë (f)	[garnitúrə]
spaghetti	shpageti (pl)	[ʃpagéti]
mashed potatoes	pure patatesh (f)	[puré patátɛʃ]
pizza	pica (f)	[pítsa]
porridge (oatmeal, etc.)	qull (m)	[cuɫ]
omelet	omëletë (f)	[omǝlétǝ]
boiled (e.g., ~ beef)	i zier	[i zíɛr]
smoked (adj)	i tymosur	[i tymósur]
fried (adj)	i skuqur	[i skúcur]
dried (adj)	i tharë	[i θárə]
frozen (adj)	i ngrirë	[i ŋrírə]
pickled (adj)	i marinuar	[i marinúar]
sweet (sugary)	i ëmbël	[i ə́mbəl]
salty (adj)	i kripur	[i krípur]
cold (adj)	i ftohtë	[i ftóhtə]
hot (adj)	i nxehtë	[i ndzéhtə]
bitter (adj)	i hidhur	[i híður]
tasty (adj)	i shijshöm	[i ʃíjʃəm]
to cook in boiling water	ziej	[zíɛj]

to cook (dinner)	gatuaj	[gatúaj]
to fry (vt)	skuq	[skuc]
to heat up (food)	ngroh	[ŋróh]

to salt (vt)	hedh kripë	[hɛð krípə]
to pepper (vt)	hedh piper	[hɛð pipér]
to grate (vt)	rendoj	[rɛndój]
peel (n)	lëkurë (f)	[ləkúrə]
to peel (vt)	qëroj	[cərój]

41. Spices

salt	kripë (f)	[krípə]
salty (adj)	i kripur	[i krípur]
to salt (vt)	hedh kripë	[hɛð krípə]

| black pepper | piper i zi (m) | [pipér i zi] |
| red pepper (milled ~) | piper i kuq (m) | [pipér i kuc] |

| mustard | mustardë (f) | [mustárdə] |
| horseradish | rrepë djegëse (f) | [répə djégəsɛ] |

condiment	salcë (f)	[sáltsə]
spice	erëz (f)	[érəz]
sauce	salcë (f)	[sáltsə]
vinegar	uthull (f)	[úθuɫ]

anise	anisetë (f)	[anisétə]
basil	borzilok (m)	[borzilók]
cloves	karafil (m)	[karafíl]

ginger	xhenxhefil (m)	[dʒɛndʒɛfíl]
coriander	koriandër (m)	[koriándər]
cinnamon	kanellë (f)	[kanéɫə]

sesame	susam (m)	[susám]
bay leaf	gjeth dafine (m)	[ɟɛθ dafínɛ]
paprika	spec (m)	[spɛts]
caraway	kumin (m)	[kumín]
saffron	shafran (m)	[ʃafrán]

42. Meals

| food | ushqim (m) | [uʃcím] |
| to eat (vi, vt) | ha | [ha] |

| breakfast | mëngjes (m) | [mənɟés] |
| to have breakfast | ha mëngjes | [ha mənɟés] |

lunch	drekë (f)	[drékə]
to have lunch	ha drekë	[ha drékə]
dinner	darkë (f)	[dárkə]
to have dinner	ha darkë	[ha dárkə]
appetite	oreks (m)	[oréks]
Enjoy your meal!	Të bëftë mirë!	[tə bəftə mírə!]
to open (~ a bottle)	hap	[hap]
to spill (liquid)	derdh	[dérð]
to spill out (vi)	derdhje	[dérðjɛ]
to boil (vi)	ziej	[zíɛj]
to boil (vt)	ziej	[zíɛj]
boiled (~ water)	i zier	[i zíɛr]
to chill, cool down (vt)	ftoh	[ftoh]
to chill (vi)	ftohje	[ftóhjɛ]
taste, flavor	shije (f)	[ʃíjɛ]
aftertaste	shije (f)	[ʃíjɛ]
to slim down (lose weight)	dobësohem	[dobəsóhɛm]
diet	dietë (f)	[diétə]
vitamin	vitaminë (f)	[vitamínə]
calorie	kalori (f)	[kalorí]
vegetarian (n)	vegjetarian (m)	[vɛɟɛtarián]
vegetarian (adj)	vegjetarian	[vɛɟɛtarián]
fats (nutrient)	yndyrë (f)	[yndýrə]
proteins	proteinë (f)	[protɛínə]
carbohydrates	karbohidrat (m)	[karbohidrát]
slice (of lemon, ham)	fetë (f)	[fétə]
piece (of cake, pie)	copë (f)	[tsópə]
crumb (of bread, cake, etc.)	dromcë (f)	[drómtsə]

43. Table setting

spoon	lugë (f)	[lúgə]
knife	thikë (f)	[θíkə]
fork	pirun (m)	[pirún]
cup (e.g., coffee ~)	filxhan (m)	[fildʒán]
plate (dinner ~)	pjatë (f)	[pjátə]
saucer	pjatë filxhani (f)	[pjátə fildʒáni]
napkin (on table)	pecetë (f)	[pɛtsétə]
toothpick	kruajtëse dhëmbësh (f)	[krúajtəsɛ ðə́mbəʃ]

44. Restaurant

restaurant	restorant (m)	[rɛstoránt]
coffee house	kafene (f)	[kafɛné]
pub, bar	pab (m), pijetore (f)	[pab], [pijɛtórɛ]
tearoom	çajtore (f)	[tʃajtórɛ]
waiter	kamerier (m)	[kamɛriér]
waitress	kameriere (f)	[kamɛriérɛ]
bartender	banakier (m)	[banakiér]
menu	menu (f)	[mɛnú]
wine list	menu verërash (f)	[mɛnú vérəraʃ]
to book a table	rezervoj një tavolinë	[rɛzɛrvój ɲə tavolínə]
course, dish	pjatë (f)	[pjátə]
to order (meal)	porosis	[porosís]
to make an order	bëj porosinë	[bəj porosínə]
aperitif	aperitiv (m)	[apɛritív]
appetizer	antipastë (f)	[antipástə]
dessert	ëmbëlsirë (f)	[əmbəlsírə]
check	faturë (f)	[fatúrə]
to pay the check	paguaj faturën	[pagúaj fatúrən]
to give change	jap kusur	[jap kusúr]
tip	bakshish (m)	[bakʃíʃ]

Family, relatives and friends

45. Personal information. Forms

name (first name)	emër (m)	[émər]
surname (last name)	mbiemër (m)	[mbiémər]
date of birth	datëlindje (f)	[datəlíndjɛ]
place of birth	vendlindje (f)	[vɛndlíndjɛ]
nationality	kombësi (f)	[kombəsí]
place of residence	vendbanim (m)	[vɛndbaním]
country	shtet (m)	[ʃtɛt]
profession (occupation)	profesion (m)	[profɛsión]
gender, sex	gjinia (f)	[ɟinía]
height	gjatësia (f)	[ɟatəsía]
weight	peshë (f)	[péʃə]

46. Family members. Relatives

mother	nënë (f)	[nénə]
father	baba (f)	[babá]
son	bir (m)	[bir]
daughter	bijë (f)	[bíjə]
younger daughter	vajza e vogël (f)	[vájza ɛ vógəl]
younger son	djali i vogël (m)	[djáli i vógəl]
eldest daughter	vajza e madhe (f)	[vájza ɛ máðɛ]
eldest son	djali i vogël (m)	[djáli i vógəl]
brother	vëlla (m)	[vətá]
elder brother	vëllai i madh (m)	[vətái i mað]
younger brother	vëllai i vogël (m)	[vətái i vógəl]
sister	motër (f)	[mótər]
elder sister	motra e madhe (f)	[mótra ɛ máðɛ]
younger sister	motra e vogël (f)	[mótra ɛ vógəl]
cousin (masc.)	kushëri (m)	[kuʃərí]
cousin (fem.)	kushërirë (f)	[kuʃərírə]
mom, mommy	mami (f)	[mámi]
dad, daddy	babi (m)	[bábi]
parents	prindër (pl)	[príndər]
child	fëmijë (f)	[fəmíjə]

children	fëmijë (pl)	[fəmíjə]
grandmother	gjyshe (f)	[ɟýʃɛ]
grandfather	gjysh (m)	[ɟyʃ]
grandson	nip (m)	[nip]
granddaughter	mbesë (f)	[mbésə]
grandchildren	nipër e mbesa (pl)	[nípər ɛ mbésa]

uncle	dajë (f)	[dájə]
aunt	teze (f)	[tézɛ]
nephew	nip (m)	[nip]
niece	mbesë (f)	[mbésə]

mother-in-law (wife's mother)	vjehrrë (f)	[vjéhrə]
father-in-law (husband's father)	vjehrri (m)	[vjéhri]
son-in-law (daughter's husband)	dhëndër (m)	[ðéndər]
stepmother	njerkë (f)	[ɲérkə]
stepfather	njerk (m)	[ɲérk]

infant	foshnjë (f)	[fóʃɲə]
baby (infant)	fëmijë (f)	[fəmíjə]
little boy, kid	djalosh (m)	[djalóʃ]

wife	bashkëshorte (f)	[baʃkəʃórtɛ]
husband	bashkëshort (m)	[baʃkəʃórt]
spouse (husband)	bashkëshort (m)	[baʃkəʃórt]
spouse (wife)	bashkëshorte (f)	[baʃkəʃórtɛ]

married (masc.)	i martuar	[i martúar]
married (fem.)	e martuar	[ɛ martúar]
single (unmarried)	beqar	[bɛcár]
bachelor	beqar (m)	[bɛcár]
divorced (masc.)	i divorcuar	[i divortsúar]
widow	vejushë (f)	[vɛjúʃə]
widower	vejan (m)	[vɛján]

relative	kushëri (m)	[kuʃərí]
close relative	kushëri i afërt (m)	[kuʃərí i áfərt]
distant relative	kushëri i largët (m)	[kuʃərí i lárgət]
relatives	kushërinj (pl)	[kuʃəríɲ]

orphan (boy)	jetim (m)	[jɛtím]
orphan (girl)	jetime (f)	[jɛtímɛ]
guardian (of a minor)	kujdestar (m)	[kujdɛstár]
to adopt (a boy)	adoptoj	[adoptój]
to adopt (a girl)	adoptoj	[adoptój]

Medicine

47. Diseases

sickness	sëmundje (f)	[səmúndjɛ]
to be sick	jam sëmurë	[jam səmúrə]
health	shëndet (m)	[ʃəndét]

runny nose (coryza)	rrifë (f)	[rífə]
tonsillitis	grykët (m)	[grýkət]
cold (illness)	ftohje (f)	[ftóhjɛ]
to catch a cold	ftohem	[ftóhɛm]

bronchitis	bronkit (m)	[bronkít]
pneumonia	pneumoni (f)	[pnɛumoní]
flu, influenza	grip (m)	[grip]

nearsighted (adj)	miop	[mióp]
farsighted (adj)	presbit	[prɛsbít]
strabismus (crossed eyes)	strabizëm (m)	[strabízəm]
cross-eyed (adj)	strabik	[strabík]
cataract	katarakt (m)	[katarákt]
glaucoma	glaukoma (f)	[glaukóma]

stroke	goditje (f)	[godítjɛ]
heart attack	sulm në zemër (m)	[sulm nə zémər]
myocardial infarction	infarkt miokardiak (m)	[infárkt miokardiák]
paralysis	paralizë (f)	[paralízə]
to paralyze (vt)	paralizoj	[paralizój]

allergy	alergji (f)	[alɛrɟí]
asthma	astmë (f)	[ástmə]
diabetes	diabet (m)	[diabét]

toothache	dhimbje dhëmbi (f)	[ðímbjɛ ðə́mbi]
caries	karies (m)	[kariés]

diarrhea	diarre (f)	[diaré]
constipation	kapsllëk (m)	[kapsɫə́k]
stomach upset	dispepsi (f)	[dispɛpsí]
food poisoning	helmim (m)	[hɛlmím]
to get food poisoning	helmohem nga ushqimi	[hɛlmóhɛm ŋa uʃcími]

arthritis	artrit (m)	[artrít]
rickets	rakit (m)	[rakít]
rheumatism	reumatizëm (m)	[rɛumatízəm]

atherosclerosis	arteriosklerozë (f)	[artɛrıosklɛrózə]
gastritis	gastrit (m)	[gastrít]
appendicitis	apendicit (m)	[apɛnditsít]
cholecystitis	kolecistit (m)	[kolɛtsistít]
ulcer	ulcerë (f)	[ultsérə]
measles	fruth (m)	[fruθ]
rubella (German measles)	rubeola (f)	[rubɛóla]
jaundice	verdhëza (f)	[vérðəza]
hepatitis	hepatit (m)	[hɛpatít]
schizophrenia	skizofreni (f)	[skizofrɛní]
rabies (hydrophobia)	sëmundje e tërbimit (f)	[səmúndjɛ ɛ tərbímit]
neurosis	neurozë (f)	[nɛurózə]
concussion	tronditje (f)	[trondítjɛ]
cancer	kancer (m)	[kantsér]
sclerosis	sklerozë (f)	[sklɛrózə]
multiple sclerosis	sklerozë e shumëfishtë (f)	[sklɛrózə ɛ ʃumofíʃtə]
alcoholism	alkoolizëm (m)	[alkoolízəm]
alcoholic (n)	alkoolik (m)	[alkoolík]
syphilis	sifiliz (m)	[sifilíz]
AIDS	SIDA (f)	[sída]
tumor	tumor (m)	[tumór]
malignant (adj)	malinj	[malíɲ]
benign (adj)	beninj	[bɛníɲ]
fever	ethe (f)	[éθɛ]
malaria	malarie (f)	[malaríɛ]
gangrene	gangrenë (f)	[gaŋrénə]
seasickness	sëmundje deti (f)	[səmúndjɛ déti]
epilepsy	epilepsi (f)	[ɛpilɛpsí]
epidemic	epidemi (f)	[ɛpidɛmí]
typhus	tifo (f)	[tífo]
tuberculosis	tuberkuloz (f)	[tubɛrkulóz]
cholera	kolerë (f)	[kolérə]
plague (bubonic ~)	murtaja (f)	[murtája]

48. Symptoms. Treatments. Part 1

symptom	simptomë (f)	[simptómə]
temperature	temperaturë (f)	[tɛmpɛratúrə]
high temperature (fever)	temperaturë e lartë (f)	[tɛmpɛratúrə ɛ lártə]
pulse (heartbeat)	puls (m)	[puls]
dizziness (vertigo)	marrje mendsh (m)	[márjɛ méndʃ]
hot (adj)	i nxehtë	[i ndzéhtə]

shivering	drithërima (f)	[driθərímа]
pale (e.g., ~ face)	i zbehur	[i zbéhur]

cough	kollë (f)	[kótə]
to cough (vi)	kollitem	[kotítɛm]
to sneeze (vi)	teshtij	[tɛʃtíj]
faint	të fikët (f)	[tə fíkət]
to faint (vi)	bie të fikët	[bíɛ tə fíkət]

bruise (hématome)	mavijosje (f)	[mavijósjɛ]
bump (lump)	gungë (f)	[gúŋə]
to bang (bump)	godas	[godás]
contusion (bruise)	lëndim (m)	[ləndím]
to get a bruise	lëndohem	[ləndóhɛm]

to limp (vi)	çaloj	[tʃalój]
dislocation	dislokim (m)	[dislokím]
to dislocate (vt)	del nga vendi	[dɛl ŋa véndi]
fracture	thyerje (f)	[θýɛrjɛ]
to have a fracture	thyej	[θýɛj]

cut (e.g., paper ~)	e prerë (f)	[ɛ prérə]
to cut oneself	pres veten	[prɛs vétɛn]
bleeding	rrjedhje gjaku (f)	[rjéðjɛ ɟáku]

burn (injury)	djegie (f)	[djégiɛ]
to get burned	digjem	[díɟɛm]

to prick (vt)	shpoj	[ʃpoj]
to prick oneself	shpohem	[ʃpóhɛm]
to injure (vt)	dëmtoj	[dəmtój]
injury	dëmtim (m)	[dəmtím]
wound	plagë (f)	[plágə]
trauma	traumë (f)	[traúmə]

to be delirious	fol përçart	[fól pərtʃárt]
to stutter (vi)	belbëzoj	[bɛlbəzój]
sunstroke	pikë e diellit (f)	[píkə ɛ diétit]

49. Symptoms. Treatments. Part 2

pain, ache	dhimbje (f)	[ðímbjɛ]
splinter (in foot, etc.)	cifël (f)	[tsífəl]

sweat (perspiration)	djersë (f)	[djérsə]
to sweat (perspire)	djersij	[djɛrsíj]
vomiting	të vjella (f)	[tə vjéta]
convulsions	konvulsione (f)	[konvulsiónɛ]
pregnant (adj)	shtatzënë	[ʃtatzə́nə]
to be born	lind	[lind]

delivery, labor	lindje (f)	[líndjɛ]
to deliver (~ a baby)	sjell në jetë	[sjɛt nə jétə]
abortion	abort (m)	[abórt]

breathing, respiration	frymëmarrje (f)	[frymǝmárjɛ]
in-breath (inhalation)	mbajtje e frymës (f)	[mbájtjɛ ɛ frýmǝs]
out-breath (exhalation)	lëshim i frymës (m)	[lǝʃím i frýmǝs]
to exhale (breathe out)	nxjerr frymën	[ndzjér frýmǝn]
to inhale (vi)	marr frymë	[mar frýmǝ]

disabled person	invalid (m)	[invalíd]
cripple	i gjymtuar (m)	[i ɟymtúar]
drug addict	narkoman (m)	[narkomán]

deaf (adj)	shurdh	[ʃurð]
mute (adj)	memec	[mɛméts]
deaf mute (adj)	shurdh-memec	[ʃurð-mɛméts]

mad, insane (adj)	i marrë	[i márǝ]
madman (demented person)	i çmendur (m)	[i tʃméndur]
madwoman	e çmendur (f)	[ɛ tʃméndur]
to go insane	çmendem	[tʃméndɛm]

gene	gen (m)	[gɛn]
immunity	imunitet (m)	[imunitét]
hereditary (adj)	e trashëguar	[ɛ traʃǝgúar]
congenital (adj)	e lindur	[ɛ líndur]

virus	virus (m)	[virús]
microbe	mikrob (m)	[mikrób]
bacterium	bakterie (f)	[baktériɛ]
infection	infeksion (m)	[infɛksión]

50. Symptoms. Treatments. Part 3

| hospital | spital (m) | [spitál] |
| patient | pacient (m) | [patsiént] |

diagnosis	diagnozë (f)	[diagnózǝ]
cure	kurë (f)	[kúrǝ]
medical treatment	trajtim mjekësor (m)	[trajtím mjɛkǝsór]
to get treatment	kurohem	[kuróhɛm]
to treat (~ a patient)	kuroj	[kurój]
to nurse (look after)	kujdesem	[kujdésɛm]
care (nursing ~)	kujdes (m)	[kujdés]

operation, surgery	operacion (m)	[opɛratsión]
to bandage (head, limb)	fashoj	[faʃój]
bandaging	fashim (m)	[faʃím]

vaccination	vaksinim (m)	[vaksiním]
to vaccinate (vt)	vaksinoj	[vaksinój]
injection, shot	injeksion (m)	[iɲɛksión]
to give an injection	bëj injeksion	[bəj iɲɛksíon]
attack	atak (m)	[aták]
amputation	amputim (m)	[amputím]
to amputate (vt)	amputoj	[amputój]
coma	komë (f)	[kómə]
to be in a coma	jam në komë	[jam nə kómə]
intensive care	kujdes intensiv (m)	[kujdés intɛnsív]
to recover (~ from flu)	shërohem	[ʃəróhɛm]
condition (patient's ~)	gjendje (f)	[ɟéndjɛ]
consciousness	vetëdije (f)	[vɛtədíjɛ]
memory (faculty)	kujtesë (f)	[kujtésə]
to pull out (tooth)	heq	[hɛc]
filling	mbushje (f)	[mbúʃjɛ]
to fill (a tooth)	mbush	[mbúʃ]
hypnosis	hipnozë (f)	[hipnózə]
to hypnotize (vt)	hipnotizim	[hipnotizím]

51. Doctors

doctor	mjek (m)	[mjék]
nurse	infermiere (f)	[infɛrmiérɛ]
personal doctor	mjek personal (m)	[mjék pɛrsonál]
dentist	dentist (m)	[dɛntíst]
eye doctor	okulist (m)	[okulíst]
internist	mjek i përgjithshëm (m)	[mjék i pərɟíθʃəm]
surgeon	kirurg (m)	[kirúrg]
psychiatrist	psikiatër (m)	[psikiátər]
pediatrician	pediatër (m)	[pɛdiátər]
psychologist	psikolog (m)	[psikológ]
gynecologist	gjinekolog (m)	[ɟinɛkológ]
cardiologist	kardiolog (m)	[kardiológ]

52. Medicine. Drugs. Accessories

medicine, drug	ilaç (m)	[ilátʃ]
remedy	mjekim (m)	[mjɛkím]
to prescribe (vt)	shkruaj recetë	[ʃkrúaj rɛtsétə]
prescription	recetë (f)	[rɛtsétə]
tablet, pill	pilulë (f)	[pilúlə]

ointment	**krem** (m)	[krɛm]
ampule	**ampulë** (f)	[ampúlə]
mixture, solution	**përzierje** (f)	[pərzíɛrjɛ]
syrup	**shurup** (m)	[ʃurúp]
capsule	**pilulë** (f)	[pilúlə]
powder	**pudër** (f)	[púdər]

gauze bandage	**fashë garze** (f)	[faʃə gárzɛ]
cotton wool	**pambuk** (m)	[pambúk]
iodine	**jod** (m)	[jod]

Band-Aid	**leukoplast** (m)	[lɛukoplást]
eyedropper	**pikatore** (f)	[pikatórɛ]
thermometer	**termometër** (m)	[tɛrmométər]
syringe	**shiringë** (f)	[ʃíríŋə]

wheelchair	**karrocë me rrota** (f)	[karótsə mɛ róta]
crutches	**paterica** (f)	[patɛrítsa]

painkiller	**qetësues** (m)	[cɛtəsúɛs]
laxative	**laksativ** (m)	[laksatív]
spirits (ethanol)	**alkool dezinfektues** (m)	[alkoól dɛzinfɛktúɛs]
medicinal herbs	**bimë mjekësore** (f)	[bímə mjɛkəsórɛ]
herbal (~ tea)	**çaj bimor**	[tʃáj bimór]

HUMAN HABITAT

City

53. City. Life in the city

English	Albanian	Pronunciation
city, town	qytet (m)	[cytét]
capital city	kryeqytet (m)	[kryɛcytét]
village	fshat (m)	[fʃát]
city map	hartë e qytetit (f)	[hártə ɛ cytétit]
downtown	qendër e qytetit (f)	[céndər ɛ cytétit]
suburb	periferi (f)	[pɛrifɛrí]
suburban (adj)	periferik	[pɛrifɛrík]
outskirts	periferia (f)	[pɛrifɛría]
environs (suburbs)	periferia (f)	[pɛrifɛría]
city block	bllok pallatesh (m)	[błók pałátɛʃ]
residential block (area)	bllok banimi (m)	[błók baními]
traffic	trafik (m)	[trafík]
traffic lights	semafor (m)	[sɛmafór]
public transportation	transport publik (m)	[transpórt publík]
intersection	kryqëzim (m)	[krycəzím]
crosswalk	kalim për këmbësorë (m)	[kalím pər kəmbəsórə]
pedestrian underpass	nënkalim për këmbësorë (m)	[nənkalím pər kəmbəsórə]
to cross (~ the street)	kapërcej	[kapərtséj]
pedestrian	këmbësor (m)	[kəmbəsór]
sidewalk	trotuar (m)	[trotuár]
bridge	urë (f)	[úrə]
embankment (river walk)	breg lumi (m)	[brɛg lúmi]
fountain	shatërvan (m)	[ʃatərván]
allée (garden walkway)	rrugëz (f)	[rúgəz]
park	park (m)	[park]
boulevard	bulevard (m)	[bulɛvárd]
square	shesh (m)	[ʃɛʃ]
avenue (wide street)	bulevard (m)	[bulɛvárd]
street	rrugë (f)	[rúgə]
side street	rrugë dytësore (f)	[rúgə dytəsórɛ]
dead end	rrugë pa krye (f)	[rúgə pa krýɛ]
house	shtëpi (f)	[ʃtəpí]

| building | ndërtesë (f) | [ndərtésə] |
| skyscraper | qiellgërvishtës (m) | [ciɛlgərvíʃtəs] |

facade	fasadë (f)	[fasádə]
roof	çati (f)	[tʃatí]
window	dritare (f)	[dritárɛ]
arch	hark (m)	[hárk]
column	kolonë (f)	[kolónə]
corner	kënd (m)	[kénd]

store window	vitrinë (f)	[vitrínə]
signboard (store sign, etc.)	tabelë (f)	[tabélə]
poster (e.g., playbill)	poster (m)	[postér]
advertising poster	afishe reklamuese (f)	[afíʃɛ rɛklamúɛsɛ]
billboard	tabelë reklamash (f)	[tabélə rɛklámaʃ]

garbage, trash	plehra (f)	[pléhra]
trash can (public ~)	kosh plehrash (m)	[koʃ pléhraʃ]
to litter (vi)	hedh mbeturina	[hɛð mbɛturína]
garbage dump	deponi plehrash (f)	[dɛponí pléhraʃ]

phone booth	kabinë telefonike (f)	[kabínə tɛlɛfoníkɛ]
lamppost	shtyllë dritash (f)	[ʃtÿɫə drítaʃ]
bench (park ~)	stol (m)	[stol]

police officer	polic (m)	[políts]
police	polici (f)	[politsí]
beggar	lypës (m)	[lýpəs]
homeless (n)	i pastrehë (m)	[i pastréhə]

54. Urban institutions

store	dyqan (m)	[dycán]
drugstore, pharmacy	farmaci (f)	[farmatsí]
eyeglass store	optikë (f)	[optíkə]
shopping mall	qendër tregtare (f)	[céndər trɛgtárɛ]
supermarket	supermarket (m)	[supɛrmarkét]

bakery	furrë (f)	[fúrə]
baker	furrtar (m)	[furtár]
pastry shop	pastiçeri (f)	[pastitʃɛrí]
grocery store	dyqan ushqimor (m)	[dycán uʃcimór]
butcher shop	dyqan mishi (m)	[dycán míʃi]

| produce store | dyqan fruta-perimesh (m) | [dycán frúta-pɛrímɛʃ] |
| market | treg (m) | [trɛg] |

coffee house	kafene (f)	[kafɛné]
restaurant	restorant (m)	[rɛstoránt]
pub, bar	pab (m), pijetore (f)	[pab], [pijɛtórɛ]

pizzeria	piceri (f)	[pitsɛrí]
hair salon	parukeri (f)	[parukɛrí]
post office	zyrë postare (f)	[zýrə postárɛ]
dry cleaners	pastrim kimik (m)	[pastrím kimík]
photo studio	studio fotografike (f)	[stúdio fotografíkɛ]
shoe store	dyqan këpucësh (m)	[dycán kəpútsəʃ]
bookstore	librari (f)	[librarí]
sporting goods store	dyqan me mallra sportivë (m)	[dycán mɛ máɫra sportívə]
clothes repair shop	rrobaqepësi (f)	[robacɛpəsí]
formal wear rental	dyqan veshjesh me qira (m)	[dycán véʃjɛʃ mɛ cirá]
video rental store	dyqan videosh me qira (m)	[dycán vídɛoʃ mɛ cirá]
circus	cirk (m)	[tsírk]
zoo	kopsht zoologjik (m)	[kópʃt zoolojík]
movie theater	kinema (f)	[kinɛmá]
museum	muze (m)	[muzé]
library	bibliotekë (f)	[bibliotékə]
theater	teatër (m)	[tɛátər]
opera (opera house)	opera (f)	[opéra]
nightclub	klub nate (m)	[klúb nátɛ]
casino	kazino (f)	[kazíno]
mosque	xhami (f)	[dʒamí]
synagogue	sinagogë (f)	[sinagógə]
cathedral	katedrale (f)	[katɛdrálɛ]
temple	tempull (m)	[témpuɫ]
church	kishë (f)	[kíʃə]
college	kolegj (m)	[koléɟ]
university	universitet (m)	[univɛrsitét]
school	shkollë (f)	[ʃkóɫə]
prefecture	prefekturë (f)	[prɛfɛktúrə]
city hall	bashki (f)	[baʃkí]
hotel	hotel (m)	[hotél]
bank	bankë (f)	[bánkə]
embassy	ambasadë (f)	[ambasádə]
travel agency	agjenci udhëtimesh (f)	[aɟɛntsí uðətímɛʃ]
information office	zyrë informacioni (f)	[zýrə informatsióni]
currency exchange	këmbim valutor (m)	[kəmbím valutór]
subway	metro (f)	[mɛtró]
hospital	spital (m)	[spitál]
gas station	pikë karburanti (f)	[píkə karburánti]
parking lot	parking (m)	[parkíŋ]

55. Signs

signboard (store sign, etc.)	**tabelë** (f)	[tabélə]
notice (door sign, etc.)	**njoftim** (m)	[ɲoftím]
poster	**poster** (m)	[postér]
direction sign	**tabelë drejtuese** (f)	[tabélə drɛjtúɛsɛ]
arrow (sign)	**shigjetë** (f)	[ʃiɟétə]
caution	**kujdes** (m)	[kujdés]
warning sign	**shenjë paralajmëruese** (f)	[ʃéɲə paralajmərúɛsɛ]
to warn (vt)	**paralajmëroj**	[paralajmərój]
rest day (weekly ~)	**ditë pushimi** (f)	[dítə puʃími]
timetable (schedule)	**orar** (m)	[orár]
opening hours	**orari i punës** (m)	[orári i púnəs]
WELCOME!	**MIRË SE VINI!**	[mírə sɛ víni!]
ENTRANCE	**HYRJE**	[hýrjɛ]
EXIT	**DALJE**	[dáljɛ]
PUSH	**SHTY**	[ʃty]
PULL	**TËRHIQ**	[tərhíc]
OPEN	**HAPUR**	[hápur]
CLOSED	**MBYLLUR**	[mbýɫur]
WOMEN	**GRA**	[gra]
MEN	**BURRA**	[búra]
DISCOUNTS	**ZBRITJE**	[zbrítjɛ]
SALE	**ULJE**	[úljɛ]
NEW!	**TË REJA!**	[tə réja!]
FREE	**FALAS**	[fálas]
ATTENTION!	**KUJDES!**	[kujdés!]
NO VACANCIES	**NUK KA VENDE TË LIRA**	[nuk ka véndɛ tə líra]
RESERVED	**E REZERVUAR**	[ɛ rɛzɛrvúar]
ADMINISTRATION	**ADMINISTRATA**	[administráta]
STAFF ONLY	**VETËM PËR STAFIN**	[vétəm pər stáfin]
BEWARE OF THE DOG!	**RUHUNI NGA QENI!**	[rúhuni ŋa céni!]
NO SMOKING	**NDALOHET DUHANI**	[ndalóhɛt duháni]
DO NOT TOUCH!	**MOS PREK!**	[mos prék!]
DANGEROUS	**TË RREZIKSHME**	[tə rɛzíkʃmɛ]
DANGER	**RREZIK**	[rɛzík]
HIGH VOLTAGE	**TENSION I LARTË**	[tɛnsión i lártə]
NO SWIMMING!	**NUK LEJOHET NOTI!**	[nuk lɛjóhɛt nóti!]
OUT OF ORDER	**E PRISHUR**	[ɛ príʃur]
FLAMMABLE	**LËNDË DJEGËSE**	[ləndə djégəsɛ]
FORBIDDEN	**E NDALUAR**	[ɛ ndalúar]

| NO TRESPASSING! | **NDALOHET HYRJA** | [ndalóhɛt hýrja] |
| WET PAINT | **BOJË E FRESKËT** | [bója ɛ fréskət] |

56. Urban transportation

bus	**autobus** (m)	[autobús]
streetcar	**tramvaj** (m)	[tramváj]
trolley bus	**autobus tramvaj** (m)	[autobús tramváj]
route (of bus, etc.)	**itinerar** (m)	[itinɛrár]
number (e.g., bus ~)	**numër** (m)	[númər]

to go by ...	**udhëtoj me ...**	[uðətój mɛ ...]
to get on (~ the bus)	**hip**	[hip]
to get off ...	**zbres ...**	[zbrɛs ...]

stop (e.g., bus ~)	**stacion** (m)	[statsión]
next stop	**stacioni tjetër** (m)	[statsióni tjétər]
terminus	**terminal** (m)	[tɛrminál]
schedule	**orar** (m)	[orár]
to wait (vt)	**pres**	[prɛs]

ticket	**biletë** (f)	[bilétə]
fare	**çmim bilete** (m)	[tʃmím bilétɛ]
cashier (ticket seller)	**shitës biletash** (m)	[ʃítəs bilétaʃ]
ticket inspection	**kontroll biletash** (m)	[kontrɫ́ biletaʃ]
ticket inspector	**kontrollues biletash** (m)	[kontroɫúɛs bilétaʃ]

to be late (for ...)	**vonohem**	[vonóhɛm]
to miss (~ the train, etc.)	**humbas**	[humbás]
to be in a hurry	**nxitoj**	[ndzitój]

taxi, cab	**taksi** (m)	[táksi]
taxi driver	**shofer taksie** (m)	[ʃofér taksíɛ]
by taxi	**me taksi**	[mɛ táksi]
taxi stand	**stacion taksish** (m)	[statsión táksiʃ]
to call a taxi	**thërras taksi**	[θərás táksi]
to take a taxi	**marr taksi**	[mar táksi]

traffic	**trafik** (m)	[trafík]
traffic jam	**bllokim trafiku** (m)	[bɫokím trafíku]
rush hour	**orë e trafikut të rëndë** (f)	[órə ɛ trafíkut tə rəndə]
to park (vi)	**parkoj**	[parkój]
to park (vt)	**parkim**	[parkím]
parking lot	**parking** (m)	[parkíŋ]

subway	**metro** (f)	[mɛtró]
station	**stacion** (m)	[statsión]
to take the subway	**shkoj me metro**	[ʃkoj mɛ métro]
train	**tren** (m)	[trɛn]
train station	**stacion treni** (m)	[statsión tréni]

57. Sightseeing

monument	monument (m)	[monumént]
fortress	kala (f)	[kalá]
palace	pallat (m)	[pałát]
castle	kështjellë (f)	[kəʃtjétə]
tower	kullë (f)	[kútə]
mausoleum	mauzoleum (m)	[mauzolɛúm]
architecture	arkitekturë (f)	[arkitɛktúrə]
medieval (adj)	mesjetare	[mɛsjɛtárɛ]
ancient (adj)	e lashtë	[ɛ láʃtə]
national (adj)	kombëtare	[kombətárɛ]
famous (monument, etc.)	i famshëm	[i fámʃəm]
tourist	turist (m)	[turíst]
guide (person)	udhërrëfyes (m)	[uðərəfýɛs]
excursion, sightseeing tour	ekskursion (m)	[ɛkskursión]
to show (vt)	tregoj	[trɛgój]
to tell (vt)	dëftoj	[dəftój]
to find (vt)	gjej	[ɟéj]
to get lost (lose one's way)	humbas	[humbás]
map (e.g., subway ~)	hartë (f)	[hártə]
map (e.g., city ~)	hartë (f)	[hártə]
souvenir, gift	suvenir (m)	[suvɛnír]
gift shop	dyqan dhuratash (m)	[dycán ðurátaʃ]
to take pictures	bëj foto	[bəj fóto]
to have one's picture taken	bëj fotografi	[bəj fotografí]

58. Shopping

to buy (purchase)	blej	[blɛj]
purchase	blerje (f)	[blérjɛ]
to go shopping	shkoj për pazar	[ʃkoj pər pazár]
shopping	pazar (m)	[pazár]
to be open (ab. store)	hapur	[hápur]
to be closed	mbyllur	[mbýłur]
footwear, shoes	këpucë (f)	[kəpútsə]
clothes, clothing	veshje (f)	[véʃjɛ]
cosmetics	kozmetikë (f)	[kozmɛtíkə]
food products	mallra ushqimore (f)	[máłra uʃcimórɛ]
gift, present	dhuratë (f)	[ðurátə]
salesman	shitës (m)	[ʃítəs]
saleswoman	shitëse (f)	[ʃítəsɛ]

check out, cash desk	arkë (f)	[árkə]
mirror	pasqyrë (f)	[pascýrə]
counter (store ~)	banak (m)	[bának]
fitting room	dhomë prove (f)	[ðómə próvɛ]

to try on	provoj	[provój]
to fit (ab. dress, etc.)	më rri mirë	[mə ri mírə]
to like (I like …)	pëlqej	[pəlcéj]

price	çmim (m)	[tʃmím]
price tag	etiketa e çmimit (f)	[ɛtikéta ɛ tʃmímit]
to cost (vt)	kushton	[kuʃtón]
How much?	Sa?	[sa?]
discount	ulje (f)	[úljɛ]

inexpensive (adj)	jo e shtrenjtë	[jo ɛ ʃtréɲtə]
cheap (adj)	e lirë	[ɛ lírə]
expensive (adj)	i shtrenjtë	[i ʃtréɲtə]
It's expensive	Është e shtrenjtë	[əʃtə ɛ ʃtréɲtə]

rental (n)	qiramarrje (f)	[ciramárjɛ]
to rent (~ a tuxedo)	marr me qira	[mar mɛ cirá]
credit (trade credit)	kredit (m)	[krɛdít]
on credit (adv)	me kredi	[mɛ krɛdí]

59. Money

money	para (f)	[pará]
currency exchange	këmbim valutor (m)	[kəmbím valutór]
exchange rate	kurs këmbimi (m)	[kurs kəmbími]
ATM	bankomat (m)	[bankomát]
coin	monedhë (f)	[monéðə]

dollar	dollar (m)	[dołár]
euro	euro (f)	[éuro]

lira	lirë (f)	[lírə]
Deutschmark	Marka gjermane (f)	[márka ɟɛrmánɛ]
franc	franga (f)	[fráŋa]
pound sterling	sterlina angleze (f)	[stɛrlína aŋlézɛ]
yen	jen (m)	[jén]

debt	borxh (m)	[bórdʒ]
debtor	debitor (m)	[dɛbitór]
to lend (money)	jap hua	[jap huá]
to borrow (vi, vt)	marr hua	[mar huá]

bank	bankë (f)	[bánkə]
account	llogari (f)	[łogarí]
to deposit (vt)	depozitoj	[dɛpozitój]

to deposit into the account	depozitoj në llogari	[dɛpozitój nə łogarí]
to withdraw (vt)	tërheq	[tərhéc]
credit card	kartë krediti (f)	[kártə krɛdíti]
cash	kesh (m)	[kɛʃ]
check	çek (m)	[tʃɛk]
to write a check	lëshoj një çek	[ləʃój ɲə tʃék]
checkbook	bllok çeqesh (m)	[błók tʃécɛʃ]
wallet	portofol (m)	[portofól]
change purse	kuletë (f)	[kulétə]
safe	kasafortë (f)	[kasafórtə]
heir	trashëgimtar (m)	[traʃəgimtár]
inheritance	trashëgimi (f)	[traʃəgimí]
fortune (wealth)	pasuri (f)	[pasurí]
lease	qira (f)	[cirá]
rent (money)	qiraja (f)	[cirája]
to rent (sth from sb)	marr me qira	[mar mɛ cirá]
price	çmim (m)	[tʃmím]
cost	kosto (f)	[kósto]
sum	shumë (f)	[ʃúmə]
to spend (vt)	shpenzoj	[ʃpɛnzój]
expenses	shpenzime (f)	[ʃpɛnzímɛ]
to economize (vi, vt)	kursej	[kurséj]
economical	ekonomik	[ɛkonomík]
to pay (vi, vt)	paguaj	[pagúaj]
payment	pagesë (f)	[pagésə]
change (give the ~)	kusur (m)	[kusúr]
tax	taksë (f)	[táksə]
fine	gjobë (f)	[ɟóbə]
to fine (vt)	vendos gjobë	[vɛndós ɟóbə]

60. Post. Postal service

post office	zyrë postare (f)	[zýrə postárɛ]
mail (letters, etc.)	postë (f)	[póstə]
mailman	postier (m)	[postiér]
opening hours	orari i punës (m)	[orári i púnəs]
letter	letër (f)	[létər]
registered letter	letër rekomande (f)	[létər rɛkomándɛ]
postcard	kartolinë (f)	[kartolínə]
telegram	telegram (m)	[tɛlɛgrám]
package (parcel)	pako (f)	[páko]

money transfer	transfer parash (m)	[transfér paráʃ]
to receive (vt)	pranoj	[pranój]
to send (vt)	dërgoj	[dərgój]
sending	dërgesë (f)	[dərgésə]

address	adresë (f)	[adrésə]
ZIP code	kodi postar (m)	[kódi postár]
sender	dërguesi (m)	[dərgúɛsi]
receiver	pranues (m)	[pranúɛs]

| name (first name) | emër (m) | [émər] |
| surname (last name) | mbiemër (m) | [mbiémər] |

postage rate	tarifë postare (f)	[tarífə postárɛ]
standard (adj)	standard	[standárd]
economical (adj)	ekonomike	[ɛkonomíkɛ]

weight	peshë (f)	[péʃə]
to weigh (~ letters)	peshoj	[pɛʃój]
envelope	zarf (m)	[zarf]
postage stamp	pullë postare (f)	[púłə postárɛ]
to stamp an envelope	vendos pullën postare	[vɛndós púłən postárɛ]

Dwelling. House. Home

61. House. Electricity

electricity	**elektricitet** (m)	[ɛlɛktritsitét]
light bulb	**poç** (m)	[potʃ]
switch	**çelës drite** (m)	[tʃélǝs drítɛ]
fuse (plug fuse)	**siguresë** (f)	[sigurésǝ]
cable, wire (electric ~)	**kabllo** (f)	[kábɫo]
wiring	**rrjet elektrik** (m)	[rjét ɛlɛktrík]
electricity meter	**njehsor elektrik** (m)	[ɲɛhsór ɛlɛktrík]
readings	**matjet** (pl)	[mátjɛt]

62. Villa. Mansion

country house	**vilë** (f)	[vílǝ]
villa (seaside ~)	**vilë** (f)	[vílǝ]
wing (~ of a building)	**krah** (m)	[krah]
garden	**kopsht** (m)	[kopʃt]
park	**park** (m)	[park]
conservatory (greenhouse)	**serrë** (f)	[sérǝ]
to look after (garden, etc.)	**përkujdesem**	[pǝrkujdésɛm]
swimming pool	**pishinë** (f)	[piʃínǝ]
gym (home gym)	**palestër** (f)	[paléstǝr]
tennis court	**fushë tenisi** (f)	[fúʃǝ tɛnísi]
home theater (room)	**sallon teatri** (m)	[saɫón tɛátri]
garage	**garazh** (m)	[garáʒ]
private property	**pronë private** (f)	[prónǝ privátɛ]
private land	**tokë private** (f)	[tókǝ privátɛ]
warning (caution)	**paralajmërim** (m)	[paralajmǝrím]
warning sign	**shenjë paralajmëruese** (f)	[ʃéɲǝ paralajmǝrúɛsɛ]
security	**sigurim** (m)	[sigurím]
security guard	**roje sigurimi** (m)	[rójɛ sigurími]
burglar alarm	**alarm** (m)	[alárm]

63. Apartment

apartment	apartament (m)	[apartamént]
room	dhomë (f)	[ðómə]
bedroom	dhomë gjumi (f)	[ðómə ɟúmi]
dining room	dhomë ngrënie (f)	[ðómə ŋrəníɛ]
living room	dhomë ndeje (f)	[ðómə ndéjɛ]
study (home office)	dhomë pune (f)	[ðómə púnɛ]
entry room	hyrje (f)	[hýrjɛ]
bathroom (room with a bath or shower)	banjo (f)	[báɲo]
half bath	tualet (m)	[tualét]
ceiling	tavan (m)	[taván]
floor	dysheme (f)	[dyʃɛmé]
corner	qoshe (f)	[cóʃɛ]

64. Furniture. Interior

furniture	orendi (f)	[orɛndí]
table	tryezë (f)	[tryézə]
chair	karrige (f)	[karígɛ]
bed	shtrat (m)	[ʃtrat]
couch, sofa	divan (m)	[diván]
armchair	kolltuk (m)	[koɫtúk]
bookcase	raft librash (m)	[ráft líbraʃ]
shelf	sergjen (m)	[sɛrɟén]
wardrobe	gardërobë (f)	[gardəróbə]
coat rack (wall-mounted ~)	varëse (f)	[várəsɛ]
coat stand	varëse xhaketash (f)	[várəsɛ dʒakétaʃ]
bureau, dresser	komodë (f)	[komódə]
coffee table	tryezë e ulët (f)	[tryézə ɛ úlət]
mirror	pasqyrë (f)	[pascýrə]
carpet	qilim (m)	[cilím]
rug, small carpet	tapet (m)	[tapét]
fireplace	oxhak (m)	[odʒák]
candle	qiri (m)	[cirí]
candlestick	shandan (m)	[ʃandán]
drapes	perde (f)	[pérdɛ]
wallpaper	tapiceri (f)	[tapitsɛrí]
blinds (jalousie)	grila (f)	[grílا]
table lamp	llambë tavoline (f)	[ɫámbə tavolínɛ]

wall lamp (sconce)	llambadar muri (m)	[ɫambadár múri]
floor lamp	llambadar (m)	[ɫambadár]
chandelier	llambadar (m)	[ɫambadár]
leg (of chair, table)	këmbë (f)	[kémbə]
armrest	mbështetëse krahu (f)	[mbəʃtétəsɛ kráhu]
back (backrest)	mbështetëse (f)	[mbəʃtétəsɛ]
drawer	sirtar (m)	[sirtár]

65. Bedding

bedclothes	çarçafë (pl)	[tʃartʃáfə]
pillow	jastëk (m)	[jastέk]
pillowcase	këllëf jastëku (m)	[kəɫəf jastéku]
duvet, comforter	jorgan (m)	[jorgán]
sheet	çarçaf (m)	[tʃartʃáf]
bedspread	mbulesë (f)	[mbulésə]

66. Kitchen

kitchen	kuzhinë (f)	[kuʒínə]
gas	gaz (m)	[gaz]
gas stove (range)	sobë me gaz (f)	[sóbə mɛ gaz]
electric stove	sobë elektrike (f)	[sóbə ɛlɛktríkɛ]
oven	furrë (f)	[fúrə]
microwave oven	mikrovalë (f)	[mikrovále]
refrigerator	frigorifer (m)	[frigorifér]
freezer	frigorifer (m)	[frigorifér]
dishwasher	pjatalarëse (f)	[pjatalárəsɛ]
meat grinder	grirëse mishi (f)	[grírəsɛ míʃi]
juicer	shtrydhëse frutash (f)	[ʃtrýðəsɛ frútaʃ]
toaster	toster (m)	[tostér]
mixer	mikser (m)	[miksér]
coffee machine	makinë kafeje (f)	[makínə kaféjɛ]
coffee pot	kafetierë (f)	[kafɛtiérə]
coffee grinder	mulli kafeje (f)	[muɫí káfɛjɛ]
kettle	çajnik (m)	[tʃajník]
teapot	çajnik (m)	[tʃajník]
lid	kapak (m)	[kapák]
tea strainer	sitë çaji (f)	[sítə tʃáji]
spoon	lugë (f)	[lúgə]
teaspoon	lugë çaji (f)	[lúgə tʃáji]
soup spoon	lugë gjelle (f)	[lúgə ɟétɛ]

fork	pirun (m)	[pirún]
knife	thikë (f)	[θíkə]
tableware (dishes)	enë kuzhine (f)	[énə kuʒínɛ]
plate (dinner ~)	pjatë (f)	[pjátə]
saucer	pjatë filxhani (f)	[pjátə fildʒáni]
shot glass	potir (m)	[potír]
glass (tumbler)	gotë (f)	[gótə]
cup	filxhan (m)	[fildʒán]
sugar bowl	tas për sheqer (m)	[tas pər ʃɛcér]
salt shaker	kripore (f)	[kripórɛ]
pepper shaker	enë piperi (f)	[énə pipéri]
butter dish	pjatë gjalpi (f)	[pjátə ɟálpi]
stock pot (soup pot)	tenxhere (f)	[tɛndʒérɛ]
frying pan (skillet)	tigan (m)	[tigán]
ladle	garuzhdë (f)	[garúʒdə]
colander	kullesë (f)	[kuɫésə]
tray (serving ~)	tabaka (f)	[tabaká]
bottle	shishe (f)	[ʃíʃɛ]
jar (glass)	kavanoz (m)	[kavanóz]
can	kanoçe (f)	[kanótʃɛ]
bottle opener	hapëse shishesh (f)	[hapəsé ʃíʃɛʃ]
can opener	hapëse kanoçesh (f)	[hapəsé kanótʃɛʃ]
corkscrew	turjelë tapash (f)	[turjélə tápaʃ]
filter	filtër (m)	[fíltər]
to filter (vt)	filtroj	[filtrój]
trash, garbage (food waste, etc.)	pleh (m)	[plɛh]
trash can (kitchen ~)	kosh plehrash (m)	[koʃ pléhraʃ]

67. Bathroom

bathroom	banjo (f)	[báɲo]
water	ujë (m)	[újə]
faucet	rubinet (m)	[rubinét]
hot water	ujë i nxehtë (f)	[újə i ndzéhtə]
cold water	ujë i ftohtë (f)	[újə i ftóhtə]
toothpaste	pastë dhëmbësh (f)	[pástə ðə́mbəʃ]
to brush one's teeth	laj dhëmbët	[laj ðə́mbət]
toothbrush	furçë dhëmbësh (f)	[fúrtʃə ðə́mbəʃ]
to shave (vi)	rruhem	[rúhɛm]
shaving foam	shkumë rroje (f)	[ʃkumə rójɛ]

razor	brisk (m)	[brísk]
to wash (one's hands, etc.)	laj duart	[laj dúart]
to take a bath	lahem	[láhɛm]
shower	dush (m)	[duʃ]
to take a shower	bëj dush	[bəj dúʃ]

bathtub	vaskë (f)	[váskə]
toilet (toilet bowl)	tualet (m)	[tualét]
sink (washbasin)	lavaman (m)	[lavamán]

| soap | sapun (m) | [sapún] |
| soap dish | pjatë sapuni (f) | [pjátə sapúni] |

sponge	sfungjer (m)	[sfunɟér]
shampoo	shampo (f)	[ʃampó]
towel	peshqir (m)	[pɛʃcír]
bathrobe	peshqir trupi (m)	[pɛʃcír trúpi]

laundry (laundering)	larje (f)	[lárjɛ]
washing machine	makinë larëse (f)	[makínə lárəsɛ]
to do the laundry	laj rroba	[laj róba]
laundry detergent	detergjent (m)	[dɛtɛrɟént]

68. Household appliances

TV set	televizor (m)	[tɛlɛvizór]
tape recorder	inçizues me shirit (m)	[intʃizúɛs mɛ ʃirít]
VCR (video recorder)	video regjistrues (m)	[vídɛo rɛɟistrúɛs]
radio	radio (f)	[rádio]
player (CD, MP3, etc.)	kasetofon (m)	[kasɛtofón]

video projector	projektor (m)	[projɛktór]
home movie theater	kinema shtëpie (f)	[kinɛmá ʃtəpíɛ]
DVD player	DVD player (m)	[dividí plɛjər]
amplifier	amplifikator (m)	[amplifikatór]
video game console	konsol video loje (m)	[konsól vídɛo lójɛ]

video camera	videokamerë (f)	[vidɛokamérə]
camera (photo)	aparat fotografik (m)	[aparát fotografík]
digital camera	kamerë digjitale (f)	[kamérə diɟitálɛ]

vacuum cleaner	fshesë elektrike (f)	[fʃésə ɛlɛktríkɛ]
iron (e.g., steam ~)	hekur (m)	[hékur]
ironing board	tryezë për hekurosje (f)	[tryézə pər hɛkurósjɛ]

telephone	telefon (m)	[tɛlɛfón]
cell phone	celular (m)	[tsɛlulár]
typewriter	makinë shkrimi (f)	[makínə ʃkrími]
sewing machine	makinë qepëse (f)	[makínə cépəsɛ]
microphone	mikrofon (m)	[mikrofón]

headphones	**kufje** (f)	[kúfjɛ]
remote control (TV)	**telekomandë** (f)	[tɛlɛkomándə]
CD, compact disc	**CD** (f)	[tsɛdé]
cassette, tape	**kasetë** (f)	[kasétə]
vinyl record	**pllakë gramafoni** (f)	[pɫákə gramafóni]

HUMAN ACTIVITIES

Job. Business. Part 1

69. Office. Working in the office

office (company ~)	zyrë (f)	[zýrə]
office (of director, etc.)	zyrë (f)	[zýrə]
reception desk	recepsion (m)	[rɛtsɛpsión]
secretary	sekretar (m)	[sɛkrɛtár]
secretary (fem.)	sekretare (f)	[sɛkrɛtárɛ]
director	drejtor (m)	[drɛjtór]
manager	menaxher (m)	[mɛnadʒér]
accountant	kontabilist (m)	[kontabilíst]
employee	punonjës (m)	[punóɲəs]
furniture	orendi (f)	[orɛndí]
desk	tavolinë pune (f)	[tavolínə púnɛ]
desk chair	karrige pune (f)	[karígɛ púnɛ]
drawer unit	njësi sirtarësh (f)	[ɲəsí sirtárəʃ]
coat stand	varëse xhaketash (f)	[várəsɛ dʒakétaʃ]
computer	kompjuter (m)	[kompjutér]
printer	printer (m)	[printér]
fax machine	aparat faksi (m)	[aparát fáksi]
photocopier	fotokopje (f)	[fotokópjɛ]
paper	letër (f)	[létər]
office supplies	pajisje zyre (f)	[pajísjɛ zýrɛ]
mouse pad	shtroje e mausit (f)	[ʃtrójɛ ɛ máusit]
sheet (of paper)	fletë (f)	[flétə]
binder	dosje (f)	[dósjɛ]
catalog	katalog (m)	[katalóg]
phone directory	numerator telefonik (m)	[numɛratór tɛlɛfoník]
documentation	dokumentacion (m)	[dokumɛntatsión]
brochure (e.g., 12 pages ~)	broshurë (f)	[broʃúrə]
leaflet (promotional ~)	fletëpalosje (f)	[flɛtəpalósjɛ]
sample	mostër (f)	[móstər]
training meeting	takim trajnimi (m)	[takím trajními]
meeting (of managers)	takim (m)	[takím]
lunch time	pushim dreke (m)	[puʃím drékɛ]

to make a copy	bëj fotokopje	[bəj fotokópjɛ]
to make multiple copies	shumëfishoj	[ʃumǝfiʃój]
to receive a fax	marr faks	[mar fáks]
to send a fax	dërgoj faks	[dərgój fáks]

to call (by phone)	telefonoj	[tɛlɛfonój]
to answer (vt)	përgjigjem	[pərɟíɟɛm]
to put through	kaloj linjën	[kalój líɲən]

to arrange, to set up	lë takim	[lə takím]
to demonstrate (vt)	tregoj	[trɛgój]
to be absent	mungoj	[muŋój]
absence	mungesë (f)	[muŋésə]

70. Business processes. Part 1

| business | biznes (m) | [biznés] |
| occupation | profesion (m) | [profɛsión] |

firm	firmë (f)	[fírmə]
company	kompani (f)	[kompaní]
corporation	korporatë (f)	[korporátə]
enterprise	ndërmarrje (f)	[ndərmárjɛ]
agency	agjenci (f)	[aɟɛntsí]

agreement (contract)	marrëveshje (f)	[marəvéʃjɛ]
contract	kontratë (f)	[kontrátə]
deal	marrëveshje (f)	[marəvéʃjɛ]
order (to place an ~)	porosi (f)	[porosí]
terms (of the contract)	kushte (f)	[kúʃtɛ]

wholesale (adv)	me shumicë	[mɛ ʃumítsə]
wholesale (adj)	me shumicë	[mɛ ʃumítsə]
wholesale (n)	me shumicë (f)	[mɛ ʃumítsə]
retail (adj)	me pakicë	[mɛ pakítsə]
retail (n)	me pakicë (f)	[mɛ pakítsə]

competitor	konkurrent (m)	[konkurént]
competition	konkurrencë (f)	[konkuréntsə]
to compete (vi)	konkurroj	[konkurój]

| partner (associate) | ortak (m) | [orták] |
| partnership | partneritet (m) | [partnɛritét] |

crisis	krizë (f)	[krízə]
bankruptcy	falimentim (m)	[falimɛntím]
to go bankrupt	falimentoj	[falimɛntój]
difficulty	vështirësi (f)	[vəʃtirəsí]
problem	problem (m)	[problém]
catastrophe	katastrofë (f)	[katastrófə]

economy	ekonomi (f)	[εkonomí]
economic (~ growth)	ekonomik	[εkonomík]
economic recession	recesion ekonomik (m)	[rεtsεsión εkonomík]

| goal (aim) | qëllim (m) | [cətím] |
| task | detyrë (f) | [dεtýrə] |

to trade (vi)	tregtoj	[trεgtój]
network (distribution ~)	rrjet (m)	[rjét]
inventory (stock)	inventar (m)	[invεntár]
range (assortment)	gamë (f)	[gámə]

leader (leading company)	lider (m)	[lidér]
large (~ company)	e madhe	[ε máðε]
monopoly	monopol (m)	[monopól]

theory	teori (f)	[tεorí]
practice	praktikë (f)	[praktíkə]
experience (in my ~)	përvojë (f)	[pərvójə]
trend (tendency)	trend (m)	[trεnd]
development	zhvillim (m)	[ʒvitím]

71. Business processes. Part 2

| profit (foregone ~) | fitim (m) | [fitím] |
| profitable (~ deal) | fitimprurës | [fitimprúrəs] |

delegation (group)	delegacion (m)	[dεlεgatsión]
salary	pagë (f)	[págə]
to correct (an error)	korrigjoj	[koriɟój]
business trip	udhëtim pune (m)	[uðətím púnε]
commission	komision (m)	[komisión]

to control (vt)	kontrolloj	[kontroɫój]
conference	konferencë (f)	[konfεréntsə]
license	licencë (f)	[litséntsə]
reliable (~ partner)	i besueshëm	[i bεsúεʃəm]

initiative (undertaking)	nismë (f)	[nísmə]
norm (standard)	normë (f)	[nórmə]
circumstance	rrethanë (f)	[rεθánə]
duty (of employee)	detyrë (f)	[dεtýrə]

organization (company)	organizatë (f)	[organizátə]
organization (process)	organizativ (m)	[organizatív]
organized (adj)	i organizuar	[i organizúar]
cancellation	anulim (m)	[anulím]
to cancel (call off)	anuloj	[anulój]
report (official ~)	raport (m)	[rapórt]
patent	patentë (f)	[paténtə]

| to patent (obtain patent) | patentoj | [patɛntój] |
| to plan (vt) | planifikoj | [planifikój] |

bonus (money)	bonus (m)	[bonús]
professional (adj)	profesional	[profɛsionál]
procedure	procedurë (f)	[protsɛdúrə]

to examine (contract, etc.)	shqyrtoj	[ʃcyrtój]
calculation	llogaritje (f)	[ɬogarítjɛ]
reputation	reputacion (m)	[rɛputatsión]
risk	rrezik (m)	[rɛzík]

to manage, to run	drejtoj	[drɛjtój]
information (report)	informacion (m)	[informatsión]
property	pronë (f)	[prónə]
union	bashkim (m)	[baʃkím]

life insurance	sigurim jete (m)	[sigurím jétɛ]
to insure (vt)	siguroj	[sigurój]
insurance	sigurim (m)	[sigurím]

auction (~ sale)	ankand (m)	[ankánd]
to notify (inform)	njoftoj	[ɲoftój]
management (process)	menaxhim (m)	[mɛnadʒím]
service (~ industry)	shërbim (m)	[ʃərbím]

forum	forum (m)	[forúm]
to function (vi)	funksionoj	[funksionój]
stage (phase)	fazë (f)	[fázə]
legal (~ services)	ligjor	[liɟór]
lawyer (legal advisor)	avokat (m)	[avokát]

72. Production. Works

plant	uzinë (f)	[uzínə]
factory	fabrikë (f)	[fabríkə]
workshop	punëtori (f)	[punətorí]
works, production site	punishte (f)	[puníʃtɛ]

industry (manufacturing)	industri (f)	[industrí]
industrial (adj)	industrial	[industriál]
heavy industry	industri e rëndë (f)	[industrí ɛ rəndə]
light industry	industri e lehtë (f)	[industrí ɛ léhtə]

products	produkt (m)	[prodúkt]
to produce (vt)	prodhoj	[proðój]
raw materials	lëndë e parë (f)	[lə́ndə ɛ párə]

| foreman (construction ~) | përgjegjës (m) | [pərɟéjəs] |
| workers team (crew) | skuadër (f) | [skuádər] |

worker	punëtor (m)	[punətór]
working day	ditë pune (f)	[dítə púnɛ]
pause (rest break)	pushim (m)	[puʃím]
meeting	mbledhje (f)	[mbléðjɛ]
to discuss (vt)	diskutoj	[diskutój]

plan	plan (m)	[plan]
to fulfill the plan	përmbush planin	[pərmbúʃ plánin]
rate of output	normë prodhimi (f)	[nórmə proðími]
quality	cilësi (f)	[tsiləsí]
control (checking)	kontroll (m)	[kontrółˈ]
quality control	kontroll cilësie (m)	[kontrółˈ tsiləsíɛ]

workplace safety	siguri në punë (f)	[sigurí nə púnə]
discipline	disiplinë (f)	[disiplínə]
violation (of safety rules, etc.)	thyerje rregullash (f)	[θýɛrjɛ régułaʃ]
to violate (rules)	thyej rregullat	[θýɛj régułat]

strike	grevë (f)	[grévə]
striker	grevist (m)	[grɛvíst]
to be on strike	jam në grevë	[jam nə grévə]
labor union	sindikatë punëtorësh (f)	[sindikátə punətórəʃ]

to invent (machine, etc.)	shpik	[ʃpik]
invention	shpikje (f)	[ʃpíkjɛ]
research	kërkim (m)	[kərkím]
to improve (make better)	përmirësoj	[pərmirəsój]
technology	teknologji (f)	[tɛknoloɟí]
technical drawing	vizatim teknik (m)	[vizatím tɛkník]

load, cargo	ngarkesë (f)	[ŋarkésə]
loader (person)	ngarkues (m)	[ŋarkúɛs]
to load (vehicle, etc.)	ngarkoj	[ŋarkój]
loading (process)	ngarkimi	[ŋarkími]
to unload (vi, vt)	shkarkoj	[ʃkarkój]
unloading	shkarkim (m)	[ʃkarkím]

transportation	transport (m)	[transpórt]
transportation company	agjenci transporti (f)	[aɟɛntsí transpórti]
to transport (vt)	transportoj	[transportój]

freight car	vagon mallrash (m)	[vagón máłraʃ]
tank (e.g., oil ~)	cisternë (f)	[tsistérnə]
truck	kamion (m)	[kamión]

| machine tool | makineri veglash (f) | [makinɛrí vɛgláʃ] |
| mechanism | mekanizëm (m) | [mɛkanízəm] |

industrial waste	mbetje industriale (f)	[mbétjɛ industriálɛ]
packing (process)	paketim (m)	[pakɛtím]
to pack (vt)	paketoj	[pakɛtój]

73. Contract. Agreement

contract	kontratë (f)	[kontrátə]
agreement	marrëveshje (f)	[marəvéʃjɛ]
addendum	shtojcë (f)	[ʃtójtsə]
to sign a contract	nënshkruaj një kontratë	[nənʃkrúaj ɲə kontrátə]
signature	nënshkrim (m)	[nənʃkrím]
to sign (vt)	nënshkruaj	[nənʃkrúaj]
seal (stamp)	vulë (f)	[vúlə]
subject of the contract	objekt i kontratës (m)	[objékt i kontrátəs]
clause	kusht (m)	[kuʃt]
parties (in contract)	palët (m)	[pálət]
legal address	adresa zyrtare (f)	[adrésa zyrtárɛ]
to violate the contract	mosrespektim kontrate	[mosrɛspɛktím kontrátɛ]
commitment (obligation)	detyrim (m)	[dɛtyrím]
responsibility	përgjegjësi (f)	[pəɾɟɛjəsí]
force majeure	forcë madhore (f)	[fórtsə maðórɛ]
dispute	mosmarrëveshje (f)	[mosmarəvéʃjɛ]
penalties	ndëshkime (pl)	[ndəʃkímɛ]

74. Import & Export

import	import (m)	[impórt]
importer	importues (m)	[importúɛs]
to import (vt)	importoj	[importój]
import (as adj.)	i importuar	[i importúar]
export (exportation)	eksport (m)	[ɛksport]
exporter	eksportues (m)	[ɛksportúɛs]
to export (vi, vt)	eksportoj	[ɛksportój]
export (as adj.)	i eksportuar	[i ɛksportúar]
goods (merchandise)	mallra (pl)	[máɫra]
consignment, lot	ngarkesë (f)	[ŋarkésə]
weight	peshë (f)	[péʃə]
volume	vëllim (m)	[vəɫím]
cubic meter	metër kub (m)	[métər kúb]
manufacturer	prodhues (m)	[proðúɛs]
transportation company	agjenci transporti (f)	[aɟɛntsí transpórti]
container	kontejner (m)	[kontɛjnéɾ]
border	kufi (m)	[kufí]
customs	doganë (f)	[dogánə]
customs duty	taksë doganore (f)	[táksə doganórɛ]

customs officer	doganier (m)	[doganiér]
smuggling	trafikim (m)	[trafikím]
contraband (smuggled goods)	kontrabandë (f)	[kontrabándə]

75. Finances

stock (share)	stok (m)	[stok]
bond (certificate)	certifikatë valutore (f)	[tsɛrtifikátə valutórɛ]
promissory note	letër me vlerë (f)	[létər mɛ vlérə]

| stock exchange | bursë (f) | [búrsə] |
| stock price | çmimi i stokut (m) | [tʃmími i stókut] |

| to go down (become cheaper) | ulet | [úlɛt] |
| to go up (become more expensive) | rritet | [rítɛt] |

| share | kuotë (f) | [kuótə] |
| controlling interest | përqindje kontrolluese (f) | [pərcíndjɛ kontroɫúɛsɛ] |

investment	investim (m)	[invɛstím]
to invest (vt)	investoj	[invɛstój]
percent	përqindje (f)	[pərcíndjɛ]
interest (on investment)	interes (m)	[intɛrés]

profit	fitim (m)	[fitím]
profitable (adj)	fitimprurës	[fitimprúrəs]
tax	taksë (f)	[táksə]

currency (foreign ~)	valutë (f)	[valútə]
national (adj)	kombëtare	[kombətárɛ]
exchange (currency ~)	këmbim valute (m)	[kəmbím valútɛ]

| accountant | kontabilist (m) | [kontabilíst] |
| accounting | kontabilitet (m) | [kontabilitét] |

bankruptcy	falimentim (m)	[falimɛntím]
collapse, crash	kolaps (m)	[koláps]
ruin	rrënim (m)	[rəním]
to be ruined (financially)	rrënohem	[rənóhɛm]
inflation	inflacion (m)	[inflatsión]
devaluation	zhvlerësim (m)	[ʒvlɛrəsím]

capital	kapital (m)	[kapitál]
income	të ardhura (f)	[tə árðura]
turnover	qarkullim (m)	[carkuɫím]
resources	burime (f)	[burímɛ]
monetary resources	burime monetare (f)	[burímɛ monɛtárɛ]

| overhead | shpenzime bazë (f) | [ʃpɛnzímɛ bázə] |
| to reduce (expenses) | zvogëloj | [zvogəlój] |

76. Marketing

marketing	marketing (m)	[markɛtíŋ]
market	treg (m)	[trɛg]
market segment	segment tregu (m)	[sɛgmént trégu]
product	produkt (m)	[prodúkt]
goods (merchandise)	mallra (pl)	[máɫra]

brand	markë (f)	[márkə]
trademark	markë tregtare (f)	[márkə trɛgtárɛ]
logotype	logo (f)	[lógo]
logo	logo (f)	[lógo]

demand	kërkesë (f)	[kərkésə]
supply	furnizim (m)	[furnizím]
need	nevojë (f)	[nɛvójə]
consumer	konsumator (m)	[konsumatór]

analysis	analizë (f)	[analízə]
to analyze (vt)	analizoj	[analizój]
positioning	vendosje (f)	[vɛndósjɛ]
to position (vt)	vendos	[vɛndós]

price	çmim (m)	[tʃmím]
pricing policy	politikë e çmimeve (f)	[politíkə ɛ tʃmímɛvɛ]
price formation	formim i çmimit (m)	[formím i tʃmímit]

77. Advertising

advertising	reklamë (f)	[rɛklámə]
to advertise (vt)	reklamoj	[rɛklamój]
budget	buxhet (m)	[budʒét]

ad, advertisement	reklamë (f)	[rɛklámə]
TV advertising	reklamë televizive (f)	[rɛklámə tɛlɛvizívɛ]
radio advertising	reklamë në radio (f)	[rɛklámə nə rádio]
outdoor advertising	reklamë ambientale (f)	[rɛklámə ambiɛntálɛ]

mass media	masmedia (f)	[masmédia]
periodical (n)	botim periodik (m)	[botím pɛriodík]
image (public appearance)	imazh (m)	[imáʒ]

slogan	slogan (m)	[slogán]
motto (maxim)	moto (f)	[móto]
campaign	fushatë (f)	[fuʃátə]

| advertising campaign | fushatë reklamuese (f) | [fuʃátə rɛklamúɛsɛ] |
| target group | grup i synuar (m) | [grup i synúar] |

business card	kartëvizitë (f)	[kartəvizítə]
leaflet (promotional ~)	fletëpalosje (f)	[flɛtəpalósjɛ]
brochure (e.g., 12 pages ~)	broshurë (f)	[broʃúrə]
pamphlet	pamflet (m)	[pamflét]
newsletter	buletin (m)	[bulɛtín]

signboard (store sign, etc.)	tabelë (f)	[tabélə]
poster	poster (m)	[postér]
billboard	tabelë reklamash (f)	[tabélə rɛklámaʃ]

78. Banking

| bank | bankë (f) | [bánkə] |
| branch (of bank, etc.) | degë (f) | [dégə] |

| bank clerk, consultant | punonjës banke (m) | [punóɲəs bánkɛ] |
| manager (director) | drejtor (m) | [drɛjtór] |

bank account	llogari bankare (f)	[ɫogarí bankárɛ]
account number	numër llogarie (m)	[númər ɫogaríɛ]
checking account	llogari rrjedhëse (f)	[ɫogarí rjéðəsɛ]
savings account	llogari kursimesh (f)	[ɫogarí kursímɛʃ]

to open an account	hap një llogari	[hap ɲə ɫogarí]
to close the account	mbyll një llogari	[mbýɫ ɲə ɫogarí]
to deposit into the account	depozitoj në llogari	[dɛpozitój nə ɫogarí]
to withdraw (vt)	tërheq	[tərhéc]

deposit	depozitë (f)	[dɛpozítə]
to make a deposit	kryej një depozitim	[krýɛj ɲə dɛpozitím]
wire transfer	transfer bankar (m)	[transfér bankár]
to wire, to transfer	transferoj para	[transfɛrój pará]

| sum | shumë (f) | [ʃúmə] |
| How much? | Sa? | [sa?] |

| signature | nënshkrim (m) | [nənʃkrím] |
| to sign (vt) | nënshkruaj | [nənʃkrúaj] |

credit card	kartë krediti (f)	[kártə krɛdíti]
code (PIN code)	kodi PIN (m)	[kódi pin]
credit card number	numri i kartës së kreditit (m)	[númri i kártəs sə krɛdítit]

ATM	bankomat (m)	[bankomát]
check	çek (m)	[tʃɛk]
to write a check	lëshoj një çek	[ləʃój ɲə tʃék]

checkbook	bllok çeqesh (m)	[bɫók tʃécɛʃ]
loan (bank ~)	kredi (f)	[krɛdí]
to apply for a loan	aplikoj për kredi	[aplikój pər krɛdí]
to get a loan	marr kredi	[mar krɛdí]
to give a loan	jap kredi	[jap krɛdí]
guarantee	garanci (f)	[garantsí]

79. Telephone. Phone conversation

telephone	telefon (m)	[tɛlɛfón]
cell phone	celular (m)	[tsɛlulár]
answering machine	sekretari telefonike (f)	[sɛkrɛtarí tɛlɛfoníkɛ]
to call (by phone)	telefonoj	[tɛlɛfonój]
phone call	telefonatë (f)	[tɛlɛfonátə]
to dial a number	i bie numrit	[i bíɛ númrit]
Hello!	Përshëndetje!	[pərʃəndétjɛ!]
to ask (vt)	pyes	[pýɛs]
to answer (vi, vt)	përgjigjem	[pərɟíɟɛm]
to hear (vt)	dëgjoj	[dəɟój]
well (adv)	mirë	[mírə]
not well (adv)	jo mirë	[jo mírə]
noises (interference)	zhurmë (f)	[ʒúrmə]
receiver	marrës (m)	[márəs]
to pick up (~ the phone)	ngre telefonin	[ŋré tɛlɛfónin]
to hang up (~ the phone)	mbyll telefonin	[mbýɫ tɛlɛfónin]
busy (engaged)	i zënë	[i zə́nə]
to ring (ab. phone)	bie zilja	[bíɛ zílja]
telephone book	numerator telefonik (m)	[numɛratór tɛlɛfoník]
local (adj)	lokale	[lokálɛ]
local call	thirrje lokale (f)	[θírjɛ lokálɛ]
long distance (~ call)	distancë e largët	[distántsə ɛ lárgət]
long-distance call	thirrje në distancë (f)	[θírjɛ nə distántsə]
international (adj)	ndërkombëtar	[ndərkombətár]
international call	thirrje ndërkombëtare (f)	[θírjɛ ndərkombətárɛ]

80. Cell phone

cell phone	celular (m)	[tsɛlulár]
display	ekran (m)	[ɛkrán]
button	buton (m)	[butón]
SIM card	karta SIM (m)	[kárta sim]
battery	bateri (f)	[batɛrí]

| to be dead (battery) | e shkarkuar | [ɛ ʃkarkúar] |
| charger | karikues (m) | [karikúɛs] |

menu	menu (f)	[mɛnú]
settings	parametra (f)	[paramétra]
tune (melody)	melodi (f)	[mɛlodí]
to select (vt)	përzgjedh	[pərzɟéð]

calculator	makinë llogaritëse (f)	[makínə łogarítəsɛ]
voice mail	postë zanore (f)	[póstə zanórɛ]
alarm clock	alarm (m)	[alárm]
contacts	kontakte (pl)	[kontáktɛ]

| SMS (text message) | SMS (m) | [ɛsɛmɛs] |
| subscriber | abonent (m) | [abonént] |

81. Stationery

| ballpoint pen | stilolaps (m) | [stiloláps] |
| fountain pen | stilograf (m) | [stilográf] |

pencil	laps (m)	[láps]
highlighter	shënjues (m)	[ʃəɲúɛs]
felt-tip pen	tushë me bojë (f)	[túʃə mɛ bójə]

| notepad | bllok shënimesh (m) | [błók ʃənímɛʃ] |
| agenda (diary) | agjendë (f) | [aɟéndə] |

ruler	vizore (f)	[vizórɛ]
calculator	makinë llogaritëse (f)	[makínə łogarítəsɛ]
eraser	gomë (f)	[gómə]
thumbtack	pineskë (f)	[pinéskə]
paper clip	kapëse fletësh (f)	[kápəsɛ flétəʃ]

glue	ngjitës (m)	[ɲɟítəs]
stapler	ngjitës metalik (m)	[ɲɟítəs mɛtalík]
hole punch	hapës vrimash (m)	[hápəs vrímaʃ]
pencil sharpener	mprehëse lapsash (m)	[mpréhəsɛ lápsaʃ]

82. Kinds of business

accounting services	kontabilitet (m)	[kontabilitét]
advertising	reklamë (f)	[rɛklámə]
advertising agency	agjenci reklamash (f)	[aɟɛntsí rɛklámaʃ]
air-conditioners	kondicioner (m)	[konditsionér]
airline	kompani ajrore (f)	[kompaní ajrórɛ]
alcoholic beverages	pije alkoolike (pl)	[píjɛ alkoólikɛ]
antiques (antique dealers)	antikitete (pl)	[antikitétɛ]

| art gallery (contemporary ~) | galeri e artit (f) | [galɛrí ɛ ártit] |
| audit services | shërbime auditimi (pl) | [ʃərbíme auditími] |

banking industry	industri bankare (f)	[industrí bankárɛ]
bar	lokal (m)	[lokál]
beauty parlor	sallon bukurie (m)	[saɫón bukuríɛ]
bookstore	librari (f)	[librarí]
brewery	birrari (f)	[birarí]
business center	qendër biznesi (f)	[céndər biznési]
business school	shkollë biznesi (f)	[ʃkóɫə biznési]

casino	kazino (f)	[kazíno]
construction	ndërtim (m)	[ndərtím]
consulting	konsulencë (f)	[konsuléntsə]

dental clinic	klinikë dentare (f)	[kliníkə dɛntárɛ]
design	dizajn (m)	[dizájn]
drugstore, pharmacy	farmaci (f)	[farmatsí]
dry cleaners	pastrim kimik (m)	[pastrím kimík]
employment agency	agjenci punësimi (f)	[aɟɛntsí punəsími]

financial services	shërbime financiare (pl)	[ʃərbímɛ finantsiárɛ]
food products	mallra ushqimore (f)	[máɫra uʃcimórɛ]
funeral home	agjenci funeralesh (f)	[aɟɛntsí funɛráleʃ]
furniture (e.g., house ~)	orendi (f)	[orɛndí]
clothing, garment	rroba (f)	[róba]
hotel	hotel (m)	[hotél]

ice-cream	akullore (f)	[akuɫórɛ]
industry (manufacturing)	industri (f)	[industrí]
insurance	sigurim (m)	[sigurím]
Internet	internet (m)	[intɛrnét]
investments (finance)	investim (m)	[invɛstím]

jeweler	argjendar (m)	[arɟɛndár]
jewelry	bizhuteri (f)	[biʒutɛrí]
laundry (shop)	lavanteri (f)	[lavantɛrí]
legal advisor	këshilltar ligjor (m)	[kəʃiɫtár liɟór]
light industry	industri e lehtë (f)	[industrí ɛ léhtə]

magazine	revistë (f)	[rɛvístə]
mail order selling	shitje me katalog (f)	[ʃítjɛ mɛ katalóg]
medicine	mjekësl (f)	[mjɛkəsí]
movie theater	kinema (f)	[kinɛmá]
museum	muze (m)	[muzé]

news agency	agjenci lajmesh (f)	[aɟɛntsí lájmɛʃ]
newspaper	gazetë (f)	[gazétə]
nightclub	klub nate (m)	[klúb nátɛ]
oil (petroleum)	naftë (f)	[náftə]
courier services	shërbime postare (f)	[ʃərbímɛ postárɛ]

pharmaceutics	**industria farmaceutike** (f)	[industría farmatsɛutíkɛ]
printing (industry)	**shtyp** (m)	[ʃtyp]
publishing house	**shtëpi botuese** (f)	[ʃtəpí botúɛsɛ]
radio (~ station)	**radio** (f)	[rádio]
real estate	**patundshmëri** (f)	[patundʃmərí]
restaurant	**restorant** (m)	[rɛstoránt]
security company	**kompani sigurimi** (f)	[kompaní sigurími]
sports	**sport** (m)	[sport]
stock exchange	**bursë** (f)	[búrsə]
store	**dyqan** (m)	[dycán]
supermarket	**supermarket** (m)	[supɛrmarkét]
swimming pool (public ~)	**pishinë** (f)	[piʃínə]
tailor shop	**rrobaqepësi** (f)	[robacɛpəsí]
television	**televizor** (m)	[tɛlɛvizór]
theater	**teatër** (m)	[tɛátər]
trade (commerce)	**tregti** (f)	[trɛgtí]
transportation	**transport** (m)	[transpórt]
travel	**udhëtim** (m)	[uðətím]
veterinarian	**veteriner** (m)	[vɛtɛrinér]
warehouse	**magazinë** (f)	[magazínə]
waste collection	**mbledhja e mbeturinave** (f)	[mbléðja ɛ mbɛturínavɛ]

Job. Business. Part 2

83. Show. Exhibition

exhibition, show	ekspozitë (f)	[ɛkspozítə]
trade show	panair (m)	[panaír]
participation	pjesëmarrje (f)	[pjɛsəmárjɛ]
to participate (vi)	marr pjesë	[mar pjésə]
participant (exhibitor)	pjesëmarrës (m)	[pjɛsəmárəs]
director	drejtor (m)	[drɛjtór]
organizers' office	zyra drejtuese (f)	[zýra drɛjtúɛsɛ]
organizer	organizator (m)	[organizatór]
to organize (vt)	organizoj	[organizój]
participation form	kërkesë për pjesëmarrje (f)	[kərkésə pər pjɛsəmárjɛ]
to fill out (vt)	plotësoj	[plotəsój]
details	hollësi (pl)	[hoɫəsí]
information	informacion (m)	[informatsión]
price (cost, rate)	çmim (m)	[tʃmím]
including	përfshirë	[pərfʃírə]
to include (vt)	përfshij	[pərfʃíj]
to pay (vi, vt)	paguaj	[pagúaj]
registration fee	taksa e regjistrimit (f)	[táksa ɛ rɛɟistrímit]
entrance	hyrje (f)	[hýrjɛ]
pavilion, hall	pavijon (m)	[pavijón]
to register (vt)	regjistroj	[rɛɟistrój]
badge (identity tag)	kartë identifikimi (f)	[kártə idɛntifikími]
booth, stand	kioskë (f)	[kióskə]
to reserve, to book	rezervoj	[rɛzɛrvój]
display case	vitrinë (f)	[vitrínə]
spotlight	dritö (f)	[drítə]
design	dizajn (m)	[dizájn]
to place (put, set)	vendos	[vɛndós]
to be placed	vendosur	[vɛndósur]
distributor	distributor (m)	[distributór]
supplier	furnitor (m)	[furnitór]
to supply (vt)	furnizoj	[furnizój]
country	shtet (m)	[ʃtɛt]

foreign (adj)	huaj	[húaj]
product	produkt (m)	[prodúkt]
association	shoqatë (f)	[ʃocátə]
conference hall	sallë konference (f)	[sáɫə konfɛréntsɛ]
congress	kongres (m)	[koŋrés]
contest (competition)	konkurs (m)	[konkúrs]
visitor (attendee)	vizitor (m)	[vizitór]
to visit (attend)	vizitoj	[vizitój]
customer	klient (m)	[kliént]

84. Science. Research. Scientists

science	shkencë (f)	[ʃkéntsə]
scientific (adj)	shkencore	[ʃkɛntsórɛ]
scientist	shkencëtar (m)	[ʃkɛntsətár]
theory	teori (f)	[tɛorí]
axiom	aksiomë (f)	[aksiómə]
analysis	analizë (f)	[analízə]
to analyze (vt)	analizoj	[analizój]
argument (strong ~)	argument (m)	[argumént]
substance (matter)	substancë (f)	[substántsə]
hypothesis	hipotezë (f)	[hipotézə]
dilemma	dilemë (f)	[dilémə]
dissertation	disertacion (m)	[disɛrtatsión]
dogma	dogma (f)	[dógma]
doctrine	doktrinë (f)	[doktrínə]
research	kërkim (m)	[kərkím]
to research (vt)	kërkoj	[kərkój]
tests (laboratory ~)	analizë (f)	[analízə]
laboratory	laborator (m)	[laboratór]
method	metodë (f)	[mɛtódə]
molecule	molekulë (f)	[molɛkúlə]
monitoring	monitorim (m)	[monitorím]
discovery (act, event)	zbulim (m)	[zbulím]
postulate	postulat (m)	[postulát]
principle	parim (m)	[parím]
forecast	parashikim (m)	[paraʃikím]
to forecast (vt)	parashikoj	[paraʃikój]
synthesis	sintezë (f)	[sintézə]
trend (tendency)	trend (m)	[trɛnd]
theorem	teoremë (f)	[tɛorémə]
teachings	mësim (m)	[məsím]

fact	**fakt** (m)	[fakt]
expedition	**ekspeditë** (f)	[ɛkspɛdítə]
experiment	**eksperiment** (m)	[ɛkspɛrimént]

academician	**akademik** (m)	[akadɛmík]
bachelor (e.g., ~ of Arts)	**baçelor** (m)	[bátʃɛlor]
doctor (PhD)	**doktor shkencash** (m)	[doktór ʃkéntsaʃ]
Associate Professor	**Profesor i Asociuar** (m)	[profɛsór i asotsiúar]
Master (e.g., ~ of Arts)	**Master** (m)	[mastér]
professor	**profesor** (m)	[profɛsór]

Professions and occupations

85. Job search. Dismissal

job	punë (f)	[púnə]
staff (work force)	staf (m)	[staf]
personnel	personel (m)	[pɛrsonél]
career	karrierë (f)	[kariérə]
prospects (chances)	mundësi (f)	[mundəsí]
skills (mastery)	aftësi (f)	[aftəsí]
selection (screening)	përzgjedhje (f)	[pərzɟéðjɛ]
employment agency	agjenci punësimi (f)	[aɟɛntsí punəsími]
résumé	resume (f)	[rɛsumé]
job interview	intervistë punësimi (f)	[intɛrvístə punəsími]
vacancy, opening	vend i lirë pune (m)	[vɛnd i lírə púnɛ]
salary, pay	rrogë (f)	[rógə]
fixed salary	rrogë fikse (f)	[rógə fíksɛ]
pay, compensation	pagesë (f)	[pagésə]
position (job)	post (m)	[post]
duty (of employee)	detyrë (f)	[dɛtýrə]
range of duties	lista e detyrave (f)	[lísta ɛ dɛtýravɛ]
busy (I'm ~)	i zënë	[i zénə]
to fire (dismiss)	pushoj nga puna	[puʃój ŋa púna]
dismissal	pushim nga puna (m)	[puʃím ŋa púna]
unemployment	papunësi (m)	[papunəsí]
unemployed (n)	i papunë (m)	[i papúnə]
retirement	pension (m)	[pɛnsión]
to retire (from job)	dal në pension	[dál nə pɛnsión]

86. Business people

director	drejtor (m)	[drɛjtór]
manager (director)	drejtor (m)	[drɛjtór]
boss	bos (m)	[bos]
superior	epror (m)	[ɛprór]
superiors	eprorët (pl)	[ɛprórət]
president	president (m)	[prɛsidént]

chairman	**kryetar** (m)	[kryɛtár]
deputy (substitute)	**zëvendës** (m)	[zəvéndəs]
assistant	**ndihmës** (m)	[ndíhməs]
secretary	**sekretar** (m)	[sɛkrɛtár]
personal assistant	**ndihmës personal** (m)	[ndíhməs pɛrsonál]
businessman	**biznesmen** (m)	[biznɛsmén]
entrepreneur	**sipërmarrës** (m)	[sipərmárəs]
founder	**themelues** (m)	[θɛmɛlúɛs]
to found (vt)	**themeloj**	[θɛmɛlój]
incorporator	**bashkëthemelues** (m)	[baʃkəθɛmɛlúɛs]
partner	**partner** (m)	[partnér]
stockholder	**aksioner** (m)	[aksionér]
millionaire	**milioner** (m)	[milionér]
billionaire	**bilioner** (m)	[bilionér]
owner, proprietor	**pronar** (m)	[pronár]
landowner	**pronar tokash** (m)	[pronár tókaʃ]
client	**klient** (m)	[kliént]
regular client	**klient i rregullt** (m)	[kliént i régułt]
buyer (customer)	**blerës** (m)	[blérəs]
visitor	**vizitor** (m)	[vizitór]
professional (n)	**profesionist** (m)	[profɛsioníst]
expert	**ekspert** (m)	[ɛkspért]
specialist	**specialist** (m)	[spɛtsialíst]
banker	**bankier** (m)	[bankiér]
broker	**komisioner** (m)	[komisionér]
cashier, teller	**arkëtar** (m)	[arkətár]
accountant	**kontabilist** (m)	[kontabilíst]
security guard	**roje sigurimi** (m)	[rójɛ sigurími]
investor	**investitor** (m)	[invɛstitór]
debtor	**debitor** (m)	[dɛbitór]
creditor	**kreditor** (m)	[krɛditór]
borrower	**huamarrës** (m)	[huamárəs]
importer	**importues** (m)	[importúɛs]
exporter	**eksportues** (m)	[ɛksportúɛs]
manufacturer	**prodhues** (m)	[proðúɛs]
distributor	**distributor** (m)	[distributór]
middleman	**ndërmjetës** (m)	[ndərmjétəs]
consultant	**këshilltar** (m)	[kəʃiłtár]
sales representative	**përfaqësues i shitjeve** (m)	[pərfacəsúɛs i ʃitjévɛ]
agent	**agjent** (m)	[aɟént]
insurance agent	**agjent sigurimesh** (m)	[aɟént sigurímɛʃ]

87. Service professions

cook	kuzhinier (m)	[kuʒiniér]
chef (kitchen chef)	shef kuzhine (m)	[ʃɛf kuʒínɛ]
baker	furrtar (m)	[furtár]
bartender	banakier (m)	[banakiér]
waiter	kamerier (m)	[kamɛriér]
waitress	kameriere (f)	[kamɛriérɛ]
lawyer, attorney	avokat (m)	[avokát]
lawyer (legal expert)	jurist (m)	[juríst]
notary public	noter (m)	[notér]
electrician	elektricist (m)	[ɛlɛktritsíst]
plumber	hidraulik (m)	[hidraulík]
carpenter	marangoz (m)	[maraŋóz]
masseur	masazhist (m)	[masaʒíst]
masseuse	masazhiste (f)	[masaʒístɛ]
doctor	mjek (m)	[mjék]
taxi driver	shofer taksie (m)	[ʃofér taksíɛ]
driver	shofer (m)	[ʃofér]
delivery man	postier (m)	[postiér]
chambermaid	pastruese (f)	[pastrúɛsɛ]
security guard	roje sigurimi (m)	[rójɛ sigurími]
flight attendant (fem.)	stjuardesë (f)	[stjuardésə]
schoolteacher	mësues (m)	[məsúɛs]
librarian	punonjës biblioteke (m)	[punóɲəs bibliotékɛ]
translator	përkthyes (m)	[pərkθýɛs]
interpreter	përkthyes (m)	[pərkθýɛs]
guide	udhërrëfyes (m)	[uðərəfýɛs]
hairdresser	parukiere (f)	[parukiérɛ]
mailman	postier (m)	[postiér]
salesman (store staff)	shitës (m)	[ʃítəs]
gardener	kopshtar (m)	[kopʃtár]
domestic servant	shërbëtor (m)	[ʃərbətór]
maid (female servant)	shërbëtore (f)	[ʃərbətórɛ]
cleaner (cleaning lady)	pastruese (f)	[pastrúɛsɛ]

88. Military professions and ranks

private	ushtar (m)	[uʃtár]
sergeant	rreshter (m)	[rɛʃtér]

lieutenant	toger (m)	[togér]
captain	kapiten (m)	[kapitén]
major	major (m)	[majór]
colonel	kolonel (m)	[kolonél]
general	gjeneral (m)	[ɟɛnɛrál]
marshal	marshall (m)	[marʃáɫ]
admiral	admiral (m)	[admirál]
military (n)	ushtri (f)	[uʃtrí]
soldier	ushtar (m)	[uʃtár]
officer	oficer (m)	[ofitsér]
commander	komandant (m)	[komandánt]
border guard	roje kufiri (m)	[rójɛ kufíri]
radio operator	radist (m)	[radíst]
scout (searcher)	eksplorues (m)	[ɛksplorúɛs]
pioneer (sapper)	xhenier (m)	[dʒɛniér]
marksman	shënjues (m)	[ʃəɲúɛs]
navigator	navigues (m)	[navigúɛs]

89. Officials. Priests

king	mbret (m)	[mbrét]
queen	mbretëreshë (f)	[mbrɛtəréʃə]
prince	princ (m)	[prints]
princess	princeshë (f)	[printséʃə]
czar	car (m)	[tsár]
czarina	carina (f)	[tsarína]
president	president (m)	[prɛsidént]
Secretary (minister)	ministër (m)	[mínístər]
prime minister	kryeministër (m)	[kryɛmínístər]
senator	senator (m)	[sɛnatór]
diplomat	diplomat (m)	[diplomát]
consul	konsull (m)	[kónsuɫ]
ambassador	ambasador (m)	[ambasadór]
counselor (diplomatic officer)	këshilltar diplomatik (m)	[kəʃiɫtár diplomatík]
official, functionary (civil servant)	zyrtar (m)	[zyrtár]
prefect	prefekt (m)	[prɛfékt]
mayor	kryetar komune (m)	[kryetár komúnɛ]
judge	gjykatës (m)	[ɟykátəs]
prosecutor (e.g., district attorney)	prokuror (m)	[prokurór]

missionary	misionar (m)	[misionár]
monk	murg (m)	[murg]
abbot	abat (m)	[abát]
rabbi	rabin (m)	[rabín]

vizier	vezir (m)	[vɛzír]
shah	shah (m)	[ʃah]
sheikh	sheik (m)	[ʃéik]

90. Agricultural professions

beekeeper	bletar (m)	[blɛtár]
herder, shepherd	bari (m)	[barí]
agronomist	agronom (m)	[agronóm]
cattle breeder	rritës bagëtish (m)	[rítəs bagətíʃ]
veterinarian	veteriner (m)	[vɛtɛrinér]

farmer	fermer (m)	[fɛrmér]
winemaker	prodhues verërash (m)	[proðúɛs vérəraʃ]
zoologist	zoolog (m)	[zoológ]
cowboy	lopar (m)	[lopár]

91. Art professions

| actor | aktor (m) | [aktór] |
| actress | aktore (f) | [aktórɛ] |

| singer (masc.) | këngëtar (m) | [kəŋətár] |
| singer (fem.) | këngëtare (f) | [kəŋətárɛ] |

| dancer (masc.) | valltar (m) | [vaɫtár] |
| dancer (fem.) | valltare (f) | [vaɫtárɛ] |

| performer (masc.) | artist (m) | [artíst] |
| performer (fem.) | artiste (f) | [artístɛ] |

musician	muzikant (m)	[muzikánt]
pianist	pianist (m)	[pianíst]
guitar player	kitarist (m)	[kitaríst]

conductor (orchestra ~)	dirigjent (m)	[diriɟént]
composer	kompozitor (m)	[kompozitór]
impresario	organizator (m)	[organizatór]

film director	regjisor (m)	[rɛɟisór]
producer	producent (m)	[produtsént]
scriptwriter	skenarist (m)	[skɛnaríst]
critic	kritik (m)	[kritík]

writer	shkrimtar (m)	[ʃkrimtár]
poet	poet (m)	[poét]
sculptor	skulptor (m)	[skulptór]
artist (painter)	piktor (m)	[piktór]

juggler	zhongler (m)	[ʒoŋlér]
clown	kloun (m)	[kloún]
acrobat	akrobat (m)	[akrobát]
magician	magjistar (m)	[maɟistár]

92. Various professions

doctor	mjek (m)	[mjék]
nurse	infermiere (f)	[infɛrmiérɛ]
psychiatrist	psikiatër (m)	[psikiátər]
dentist	dentist (m)	[dɛntíst]
surgeon	kirurg (m)	[kirúrg]

astronaut	astronaut (m)	[astronaút]
astronomer	astronom (m)	[astronóm]
pilot	pilot (m)	[pilót]

driver (of taxi, etc.)	shofer (m)	[ʃofér]
engineer (train driver)	makinist (m)	[makiníst]
mechanic	mekanik (m)	[mɛkaník]

miner	minator (m)	[minatór]
worker	punëtor (m)	[punətór]
locksmith	bravandreqës (m)	[bravandrécəs]
joiner (carpenter)	marangoz (m)	[maraŋóz]
turner (lathe operator)	tornitor (m)	[tornitór]
construction worker	punëtor ndërtimi (m)	[punətór ndərtími]
welder	saldator (m)	[saldatór]

professor (title)	profesor (m)	[profɛsór]
architect	arkitekt (m)	[arkitékt]
historian	historian (m)	[historián]
scientist	shkencëtar (m)	[ʃkɛntsətár]
physicist	fizikant (m)	[fizikánt]
chemist (scientist)	kimist (m)	[kimíst]

archaeologist	arkeolog (m)	[arkɛológ]
geologist	gjeolog (m)	[ɟɛológ]
researcher (scientist)	studiues (m)	[studiúɛs]

| babysitter | dado (f) | [dádo] |
| teacher, educator | mësues (m) | [məsúɛs] |

| editor | redaktor (m) | [rɛdaktór] |
| editor-in-chief | kryeredaktor (m) | [kryɛrɛdaktór] |

| correspondent | korrespondent (m) | [korɛspondént] |
| typist (fem.) | daktilografiste (f) | [daktilografístɛ] |

designer	projektues (m)	[projɛktúɛs]
computer expert	ekspert kompjuterësh (m)	[ɛkspért kompjutérəʃ]
programmer	programues (m)	[programúɛs]
engineer (designer)	inxhinier (m)	[indʒiniér]

sailor	marinar (m)	[marinár]
seaman	marinar (m)	[marinár]
rescuer	shpëtimtar (m)	[ʃpətimtár]

fireman	zjarrfikës (m)	[zjarfíkəs]
police officer	polic (m)	[políts]
watchman	roje (f)	[rójɛ]
detective	detektiv (m)	[dɛtɛktív]

customs officer	doganier (m)	[doganiér]
bodyguard	truprojë (f)	[truprójə]
prison guard	gardian burgu (m)	[gardián búrgu]
inspector	inspektor (m)	[inspɛktór]

sportsman	sportist (m)	[sportíst]
trainer, coach	trajner (m)	[trajnér]
butcher	kasap (m)	[kasáp]
cobbler (shoe repairer)	këpucëtar (m)	[kəputsətár]
merchant	tregtar (m)	[trɛgtár]
loader (person)	ngarkues (m)	[ŋarkúɛs]

| fashion designer | stilist (m) | [stilíst] |
| model (fem.) | modele (f) | [modélɛ] |

93. Occupations. Social status

| schoolboy | nxënës (m) | [ndzénəs] |
| student (college ~) | student (m) | [studént] |

philosopher	filozof (m)	[filozóf]
economist	ekonomist (m)	[ɛkonomíst]
inventor	shpikës (m)	[ʃpíkəs]

unemployed (n)	i papunë (m)	[i papúnə]
retiree	pensionist (m)	[pɛnsioníst]
spy, secret agent	spiun (m)	[spiún]

prisoner	i burgosur (m)	[i burgósur]
striker	grevist (m)	[grɛvíst]
bureaucrat	burokrat (m)	[burokrát]
traveler (globetrotter)	udhëtar (m)	[uðətár]
gay, homosexual (n)	homoseksual (m)	[homosɛksuál]

| hacker | haker (m) | [hakér] |
| hippie | hipik (m) | [hipík] |

bandit	bandit (m)	[bandít]
hit man, killer	vrasës (m)	[vrásəs]
drug addict	narkoman (m)	[narkomán]
drug dealer	trafikant droge (m)	[trafikánt drógɛ]
prostitute (fem.)	prostitutë (f)	[prostitútə]
pimp	tutor (m)	[tutór]

sorcerer	magjistar (m)	[maɟistár]
sorceress (evil ~)	shtrigë (f)	[ʃtrígə]
pirate	pirat (m)	[pirát]
slave	skllav (m)	[skɫav]
samurai	samurai (m)	[samurái]
savage (primitive)	i egër (m)	[i égər]

Education

94. School

school	shkollë (f)	[ʃkółə]
principal (headmaster)	drejtor shkolle (m)	[drɛjtór ʃkółɛ]
pupil (boy)	nxënës (m)	[ndzénəs]
pupil (girl)	nxënëse (f)	[ndzénəsɛ]
schoolboy	nxënës (m)	[ndzénəs]
schoolgirl	nxënëse (f)	[ndzénəsɛ]
to teach (sb)	jap mësim	[jap məsím]
to learn (language, etc.)	mësoj	[məsój]
to learn by heart	mësoj përmendësh	[məsój pərméndəʃ]
to learn (~ to count, etc.)	mësoj	[məsój]
to be in school	jam në shkollë	[jam nə ʃkółə]
to go to school	shkoj në shkollë	[ʃkoj nə ʃkółə]
alphabet	alfabet (m)	[alfabét]
subject (at school)	lëndë (f)	[léndə]
classroom	klasë (f)	[klásə]
lesson	mësim (m)	[məsím]
recess	pushim (m)	[puʃím]
school bell	zile e shkollës (f)	[zílɛ ɛ ʃkółəs]
school desk	bankë e shkollës (f)	[báŋkə ɛ ʃkółəs]
chalkboard	tabelë e zezë (f)	[tabélə ɛ zézə]
grade	notë (f)	[nótə]
good grade	notë e mirë (f)	[nótə ɛ mírə]
bad grade	notë e keqe (f)	[nótə ɛ kécɛ]
to give a grade	vendos notë	[vɛndós nótə]
mistake, error	gabim (m)	[gabím]
to make mistakes	bëj gabime	[bəj gabímɛ]
to correct (an error)	korrigjoj	[koriɟój]
cheat sheet	kopje (f)	[kópjɛ]
homework	detyrë shtëpie (f)	[dɛtýrə ʃtəpíɛ]
exercise (in education)	ushtrim (m)	[uʃtrím]
to be present	jam prezent	[jam prɛzént]
to be absent	mungoj	[muŋój]
to miss school	mungoj në shkollë	[muŋój nə ʃkółə]

to punish (vt)	ndëshkoj	[ndəʃkój]
punishment	ndëshkim (m)	[ndəʃkím]
conduct (behavior)	sjellje (f)	[sjétjɛ]
report card	dëftesë (f)	[dəftésə]
pencil	laps (m)	[láps]
eraser	gomë (f)	[gómə]
chalk	shkumës (m)	[ʃkúməs]
pencil case	portofol lapsash (m)	[portofól lápsaʃ]
schoolbag	çantë shkolle (f)	[tʃántə ʃkótɛ]
pen	stilolaps (m)	[stiloláps]
school notebook	fletore (f)	[flɛtórɛ]
textbook	tekst mësimor (m)	[tɛkst məsimór]
drafting compass	kompas (m)	[kompás]
to make technical drawings	vizatoj	[vizatój]
technical drawing	vizatim teknik (m)	[vizatím tɛkník]
poem	poezi (f)	[poɛzí]
by heart (adv)	përmendësh	[pərméndəʃ]
to learn by heart	mësoj përmendësh	[məsój pərméndəʃ]
school vacation	pushimet e shkollës (m)	[puʃímɛt ɛ ʃkótəs]
to be on vacation	jam me pushime	[jam mɛ puʃímɛ]
to spend one's vacation	kaloj pushimet	[kalój puʃímɛt]
test (written math ~)	test (m)	[tɛst]
essay (composition)	ese (f)	[ɛsé]
dictation	diktim (m)	[diktím]
exam (examination)	provim (m)	[provím]
to take an exam	kam provim	[kam provím]
experiment (e.g., chemistry ~)	eksperiment (m)	[ɛkspɛrimént]

95. College. University

academy	akademi (f)	[akadɛmí]
university	universitet (m)	[univɛrsitét]
faculty (e.g., ~ of Medicine)	fakultet (m)	[fakultét]
student (masc.)	student (m)	[studént]
student (fem.)	studente (f)	[studéntɛ]
lecturer (teacher)	pedagog (m)	[pɛdagóg]
lecture hall, room	auditor (m)	[auditór]
graduate	i diplomuar (m)	[i diplomúar]
diploma	diplomë (f)	[diplómə]

dissertation	disertacion (m)	[disɛrtatsión]
study (report)	studim (m)	[studím]
laboratory	laborator (m)	[laboratór]

lecture	leksion (m)	[lɛksión]
coursemate	shok kursi (m)	[ʃok kúrsi]
scholarship	bursë (f)	[búrsə]
academic degree	diplomë akademike (f)	[diplómə akadɛmíkɛ]

96. Sciences. Disciplines

mathematics	matematikë (f)	[matɛmatíkə]
algebra	algjebër (f)	[alɟébər]
geometry	gjeometri (f)	[ɟɛomɛtrí]

astronomy	astronomi (f)	[astronomí]
biology	biologji (f)	[bioloɟí]
geography	gjeografi (f)	[ɟɛografí]
geology	gjeologji (f)	[ɟɛoloɟí]
history	histori (f)	[historí]

medicine	mjekësi (f)	[mjɛkəsí]
pedagogy	pedagogji (f)	[pɛdagoɟí]
law	drejtësi (f)	[drɛjtəsí]

physics	fizikë (f)	[fizíkə]
chemistry	kimi (f)	[kimí]
philosophy	filozofi (f)	[filozofí]
psychology	psikologji (f)	[psikoloɟí]

97. Writing system. Orthography

grammar	gramatikë (f)	[gramatíkə]
vocabulary	fjalor (m)	[fjalór]
phonetics	fonetikë (f)	[fonɛtíkə]

noun	emër (m)	[émər]
adjective	mbiemër (m)	[mbiémər]
verb	folje (f)	[fóljɛ]
adverb	ndajfolje (f)	[ndajfóljɛ]

pronoun	përemër (m)	[pərémər]
interjection	pasthirrmë (f)	[pasθírrmə]
preposition	parafjalë (f)	[parafjálə]

root	rrënjë (f)	[rɲə]
ending	fundore (f)	[fundórɛ]
prefix	parashtesë (f)	[paraʃtésə]

syllable	rrokje (f)	[rókjɛ]
suffix	prapashtesë (f)	[prapaʃtésə]
stress mark	theks (m)	[θɛks]
apostrophe	apostrof (m)	[apostróf]
period, dot	pikë (f)	[píkə]
comma	presje (f)	[présjɛ]
semicolon	pikëpresje (f)	[pikəprésjɛ]
colon	dy pika (f)	[dy píka]
ellipsis	tre pika (f)	[trɛ píka]
question mark	pikëpyetje (f)	[pikəpýɛtjɛ]
exclamation point	pikëçuditje (f)	[pikətʃudítjɛ]
quotation marks	thonjëza (f)	[θóɲəza]
in quotation marks	në thonjëza	[nə θóɲəza]
parenthesis	kllapa (f)	[kɫápa]
in parenthesis	brenda kllapave	[brénda kɫápavɛ]
hyphen	vizë ndarëse (f)	[vízə ndárəsɛ]
dash	vizë (f)	[vízə]
space (between words)	hapësirë (f)	[hapəsírə]
letter	shkronjë (f)	[ʃkróɲə]
capital letter	shkronjë e madhe (f)	[ʃkróɲə ɛ máðɛ]
vowel (n)	zanore (f)	[zanórɛ]
consonant (n)	bashkëtingëllore (f)	[baʃkətiŋəɫórɛ]
sentence	fjali (f)	[fjalí]
subject	kryefjalë (f)	[kryɛfjálə]
predicate	kallëzues (m)	[kaɫəzúɛs]
line	rresht (m)	[réʃt]
on a new line	rresht i ri	[réʃt i rí]
paragraph	paragraf (m)	[paragráf]
word	fjalë (f)	[fjálə]
group of words	grup fjalësh (m)	[grup fjáləʃ]
expression	shprehje (f)	[ʃpréhjɛ]
synonym	sinonim (m)	[sinoním]
antonym	antonim (m)	[antoním]
rule	rregull (m)	[réguɫ]
exception	përjashtim (m)	[pərjaʃtím]
correct (adj)	saktë	[sáktə]
conjugation	lakim (m)	[lakím]
declension	rasë	[rásə]
nominal case	rasë emërore (f)	[rásə ɛmərórɛ]
question	pyetje (f)	[pýɛtjɛ]

to underline (vt)	**nënvijëzoj**	[nənvijəzój]
dotted line	**vijë me ndërprerje** (f)	[víjə mɛ ndərprérjɛ]

98. Foreign languages

language	**gjuhë** (f)	[ɟúhə]
foreign (adj)	**huaj**	[húaj]
foreign language	**gjuhë e huaj** (f)	[ɟúhə ɛ húaj]
to study (vt)	**studioj**	[studiój]
to learn (language, etc.)	**mësoj**	[məsój]
to read (vi, vt)	**lexoj**	[lɛdzój]
to speak (vi, vt)	**flas**	[flas]
to understand (vt)	**kuptoj**	[kuptój]
to write (vt)	**shkruaj**	[ʃkrúaj]
fast (adv)	**shpejt**	[ʃpɛjt]
slowly (adv)	**ngadalë**	[ŋadálə]
fluently (adv)	**rrjedhshëm**	[rjéðʃəm]
rules	**rregullat** (pl)	[réguɫat]
grammar	**gramatikë** (f)	[gramatíkə]
vocabulary	**fjalor** (m)	[fjalór]
phonetics	**fonetikë** (f)	[fonɛtíkə]
textbook	**tekst mësimor** (m)	[tɛkst məsimór]
dictionary	**fjalor** (m)	[fjalór]
teach-yourself book	**libër i mësimit autodidakt** (m)	[líbər i məsímit autodidákt]
phrasebook	**libër frazeologjik** (m)	[líbər frazɛoloɟík]
cassette, tape	**kasetë** (f)	[kasétə]
videotape	**videokasetë** (f)	[vidɛokasétə]
CD, compact disc	**CD** (f)	[tsɛdé]
DVD	**DVD** (m)	[dividí]
alphabet	**alfabet** (m)	[alfabét]
to spell (vt)	**gërmëzoj**	[gərməzój]
pronunciation	**shqiptim** (m)	[ʃciptím]
accent	**aksent** (m)	[aksént]
with an accent	**me aksent**	[mɛ aksént]
without an accent	**pa aksent**	[pa aksént]
word	**fjalë** (f)	[fjálə]
meaning	**kuptim** (m)	[kuptím]
course (e.g., a French ~)	**kurs** (m)	[kurs]
to sign up	**regjistrohem**	[rɛɟistróhɛm]
teacher	**mësues** (m)	[məsúɛs]

translation (process)	përkthim (m)	[pərkθím]
translation (text, etc.)	përkthim (m)	[pərkθím]
translator	përkthyes (m)	[pərkθýɛs]
interpreter	përkthyes (m)	[pərkθýɛs]
polyglot	poliglot (m)	[poliglót]
memory	kujtesë (f)	[kujtésə]

Rest. Entertainment. Travel

99. Trip. Travel

tourism, travel	turizëm (m)	[turízəm]
tourist	turist (m)	[turíst]
trip, voyage	udhëtim (m)	[uðətím]
adventure	aventurë (f)	[avɛntúrə]
trip, journey	udhëtim (m)	[uðətím]
vacation	pushim (m)	[puʃím]
to be on vacation	jam me pushime	[jam mɛ puʃímɛ]
rest	pushim (m)	[puʃím]
train	tren (m)	[trɛn]
by train	me tren	[mɛ trén]
airplane	avion (m)	[avión]
by airplane	me avion	[mɛ avión]
by car	me makinë	[mɛ makínə]
by ship	me anije	[mɛ aníjɛ]
luggage	bagazh (m)	[bagáʒ]
suitcase	valixhe (f)	[valídʒɛ]
luggage cart	karrocë bagazhesh (f)	[karótsə bagáʒɛʃ]
passport	pasaportë (f)	[pasapórtə]
visa	vizë (f)	[vízə]
ticket	biletë (f)	[bilétə]
air ticket	biletë avioni (f)	[bilétə avióni]
guidebook	guidë turistike (f)	[guídə turistíkɛ]
map (tourist ~)	hartë (f)	[hártə]
area (rural ~)	zonë (f)	[zónə]
place, site	vend (m)	[vɛnd]
exotica (n)	ekzotikë (f)	[ɛkzotíkə]
exotic (adj)	ekzotik	[ɛkzotík]
amazing (adj)	mahnitëse	[mahnítəsɛ]
group	grup (m)	[grup]
excursion, sightseeing tour	ekskursion (m)	[ɛkskursión]
guide (person)	udhërrëfyes (m)	[uðərəfýɛs]

100. Hotel

hotel, inn	hotel (m)	[hotél]
motel	motel (m)	[motél]
three-star (~ hotel)	me tre yje	[mɛ trɛ ýjɛ]
five-star	me pesë yje	[mɛ pésə ýjɛ]
to stay (in a hotel, etc.)	qëndroj	[cəndrój]
room	dhomë (f)	[ðómə]
single room	dhomë teke (f)	[ðómə tékɛ]
double room	dhomë dyshe (f)	[ðómə dýʃɛ]
to book a room	rezervoj një dhomë	[rɛzɛrvój ɲə ðómə]
half board	gjysmë-pension (m)	[ɟýsmə-pɛnsión]
full board	pension i plotë (m)	[pɛnsión i plótə]
with bath	me banjo	[mɛ báɲo]
with shower	me dush	[mɛ dúʃ]
satellite television	televizor satelitor (m)	[tɛlɛvizór satɛlitór]
air-conditioner	kondicioner (m)	[konditsionér]
towel	peshqir (m)	[pɛʃcír]
key	çelës (m)	[tʃéləs]
administrator	administrator (m)	[administratór]
chambermaid	pastruese (f)	[pastrúɛsɛ]
porter, bellboy	portier (m)	[portiér]
doorman	portier (m)	[portiér]
restaurant	restorant (m)	[rɛstoránt]
pub, bar	pab (m), pijetore (f)	[pab], [pijɛtórɛ]
breakfast	mëngjes (m)	[mənɟés]
dinner	darkë (f)	[dárkə]
buffet	bufe (f)	[bufé]
lobby	holl (m)	[hoɫ]
elevator	ashensor (m)	[aʃɛnsór]
DO NOT DISTURB	**MOS SHQETËSONI**	[mos ʃcɛtəsóni]
NO SMOKING	**NDALOHET DUHANI**	[ndalóhɛt duháni]

TECHNICAL EQUIPMENT. TRANSPORTATION

Technical equipment

101. Computer

computer	**kompjuter** (m)	[kompjutér]
notebook, laptop	**laptop** (m)	[laptóp]
to turn on	**ndez**	[ndɛz]
to turn off	**fik**	[fik]
keyboard	**tastiera** (f)	[tastiéra]
key	**çelës** (m)	[tʃéləs]
mouse	**maus** (m)	[máus]
mouse pad	**shtroje e mausit** (f)	[ʃtrójɛ ɛ máusit]
button	**buton** (m)	[butón]
cursor	**kursor** (m)	[kursór]
monitor	**monitor** (m)	[monitór]
screen	**ekran** (m)	[ɛkrán]
hard disk	**hard disk** (m)	[hárd dísk]
hard disk capacity	**kapaciteti i hard diskut** (m)	[kapatsitéti i hárd dískut]
memory	**memorie** (f)	[mɛmóriɛ]
random access memory	**memorie operative** (f)	[mɛmóriɛ opɛratívɛ]
file	**skedë** (f)	[skédə]
folder	**dosje** (f)	[dósjɛ]
to open (vt)	**hap**	[hap]
to close (vt)	**mbyll**	[mbyɫ]
to save (vt)	**ruaj**	[rúaj]
to delete (vt)	**fshij**	[fʃíj]
to copy (vt)	**kopjoj**	[kopjój]
to sort (vt)	**sistemoj**	[sistɛmój]
to transfer (copy)	**transferoj**	[transfɛrój]
program	**program** (m)	[prográm]
software	**softuer** (f)	[softuér]
programmer	**programues** (m)	[programúɛs]
to program (vt)	**programoj**	[programój]
hacker	**haker** (m)	[hakér]

password	fjalëkalim (m)	[fjaləkalím]
virus	virus (m)	[virús]
to find, to detect	zbuloj	[zbulój]

| byte | bajt (m) | [bájt] |
| megabyte | megabajt (m) | [mɛgabájt] |

| data | të dhënat (pl) | [tə ðə́nat] |
| database | databazë (f) | [databázə] |

cable (USB, etc.)	kabllo (f)	[kábɫo]
to disconnect (vt)	shkëpus	[ʃkəpús]
to connect (sth to sth)	lidh	[lið]

102. Internet. E-mail

Internet	internet (m)	[intɛrnét]
browser	shfletues (m)	[ʃflɛtúɛs]
search engine	makineri kërkimi (f)	[makinɛrí kərkími]
provider	ofrues (m)	[ofrúɛs]

webmaster	uebmaster (m)	[uɛbmástɛr]
website	ueb-faqe (f)	[uéb-fácɛ]
webpage	ueb-faqe (f)	[uéb-fácɛ]

| address (e-mail ~) | adresë (f) | [adrésə] |
| address book | libërth adresash (m) | [líbərθ adrésaʃ] |

mailbox	kuti postare (f)	[kutí postárɛ]
mail	postë (f)	[póstə]
full (adj)	i mbushur	[i mbúʃur]

message	mesazh (m)	[mɛsáʒ]
incoming messages	mesazhe të ardhura (pl)	[mɛsáʒɛ tə árðura]
outgoing messages	mesazhe të dërguara (pl)	[mɛsáʒɛ tə dərgúara]

sender	dërguesi (m)	[dərgúɛsi]
to send (vt)	dërgoj	[dərgój]
sending (of mail)	dërgesë (f)	[dərgésə]

| receiver | pranues (m) | [pranúɛs] |
| to receive (vt) | pranoj | [pranój] |

| correspondence | korrespondencë (f) | [korɛspondéntsə] |
| to correspond (vi) | komunikim | [komunikím] |

file	skedë (f)	[skédə]
to download (vt)	shkarkoj	[ʃkarkój]
to create (vt)	krijoj	[krijój]
to delete (vt)	fshij	[fʃíj]

deleted (adj)	e fshirë	[ɛ fʃírə]
connection (ADSL, etc.)	lidhje (f)	[líðjɛ]
speed	shpejtësi (f)	[ʃpɛjtəsí]
modem	modem (m)	[modém]
access	hyrje (f)	[hýrjɛ]
port (e.g., input ~)	port (m)	[port]
connection (make a ~)	lidhje (f)	[líðjɛ]
to connect to ... (vi)	lidhem me ...	[líðɛm mɛ ...]
to select (vt)	përzgjedh	[pərzɟéð]
to search (for ...)	kërkoj ...	[kərkój ...]

103. Electricity

electricity	elektricitet (m)	[ɛlɛktritsitét]
electric, electrical (adj)	elektrik	[ɛlɛktrík]
electric power plant	hidrocentral (m)	[hidrotsɛntrál]
energy	energji (f)	[ɛnɛɟí]
electric power	energji elektrike (f)	[ɛnɛɟí ɛlɛktríkɛ]
light bulb	poç (m)	[potʃ]
flashlight	llambë dore (f)	[ɫámbə dórɛ]
street light	llambë rruge (f)	[ɫámbə rúgɛ]
light	dritë (f)	[drítə]
to turn on	ndez	[ndɛz]
to turn off	fik	[fik]
to turn off the light	fik dritën	[fík drítən]
to burn out (vi)	digjet	[díɟɛt]
short circuit	qark i shkurtër (m)	[cark i ʃkúrtər]
broken wire	tel i prishur (m)	[tɛl i príʃur]
contact (electrical ~)	kontakt (m)	[kontákt]
light switch	çelës drite (m)	[tʃéləs drítɛ]
wall socket	prizë (f)	[prízə]
plug	spinë (f)	[spínə]
extension cord	zgjatues (m)	[zɟatúɛs]
fuse	siguresë (f)	[sigurésə]
cable, wire	kabllo (f)	[kábɫo]
wiring	rrjet elektrik (m)	[rjét ɛlɛktrík]
ampere	amper (m)	[ampér]
amperage	amperazh (f)	[ampɛráʒ]
volt	volt (m)	[volt]
voltage	voltazh (m)	[voltáʒ]
electrical device	aparat elektrik (m)	[aparát ɛlɛktrík]
indicator	indikator (m)	[indikatór]

electrician	elektricist (m)	[ɛlɛktritsíst]
to solder (vt)	saldoj	[saldój]
soldering iron	pajisje saldimi (f)	[pajísjɛ saldími]
electric current	korrent elektrik (m)	[korént ɛlɛktrík]

104. Tools

tool, instrument	vegël (f)	[végəl]
tools	vegla (pl)	[végla]
equipment (factory ~)	pajisje (f)	[pajísjɛ]

hammer	çekiç (m)	[tʃɛkítʃ]
screwdriver	kaçavidë (f)	[katʃavídə]
ax	sëpatë (f)	[səpátə]

saw	sharrë (f)	[ʃárə]
to saw (vt)	sharroj	[ʃarój]
plane (tool)	zdrukthues (m)	[zdrukθúɛs]
to plane (vt)	zdrukthoj	[zdrukθój]
soldering iron	pajisje saldimi (f)	[pajísjɛ saldími]
to solder (vt)	saldoj	[saldój]

file (tool)	limë (f)	[límə]
carpenter pincers	darë (f)	[dárə]
lineman's pliers	pinca (f)	[píntsa]
chisel	daltë (f)	[dáltə]

drill bit	turjelë (f)	[turjélə]
electric drill	shpuese elektrike (f)	[ʃpúɛsɛ ɛlɛktríkɛ]
to drill (vi, vt)	shpoj	[ʃpoj]

knife	thikë (f)	[θíkə]
pocket knife	thikë xhepi (f)	[θíkə dʒépi]
blade	teh (m)	[tɛh]

sharp (blade, etc.)	i mprehtë	[i mpréhtə]
dull, blunt (adj)	i topitur	[i topítur]
to get blunt (dull)	bëhet e topitur	[béhɛt ɛ topítur]
to sharpen (vt)	mpreh	[mpréh]

bolt	vidë (f)	[vídə]
nut	dado (f)	[dádo]
thread (of a screw)	filetë e vidhës (f)	[filétə ɛ víðəs]
wood screw	vidhë druri (f)	[víðə drúri]

| nail | gozhdë (f) | [góʒdə] |
| nailhead | kokë gozhde (f) | [kókə góʒdɛ] |

| ruler (for measuring) | vizore (f) | [vizórɛ] |
| tape measure | metër (m) | [métər] |

English	Albanian	Pronunciation
spirit level	nivelizues (m)	[nivɛlizúɛs]
magnifying glass	lente zmadhuese (f)	[lɛ́ntɛ zmaðúɛsɛ]
measuring instrument	mjet matës (m)	[mjét mátəs]
to measure (vt)	mas	[mas]
scale (of thermometer, etc.)	gradë (f)	[grádə]
readings	matjet (pl)	[mátjɛt]
compressor	kompresor (m)	[komprɛsór]
microscope	mikroskop (m)	[mikroskóp]
pump (e.g., water ~)	pompë (f)	[pómpə]
robot	robot (m)	[robót]
laser	laser (m)	[lasér]
wrench	çelës (m)	[tʃéləs]
adhesive tape	shirit ngjitës (m)	[ʃirít ɲɟítəs]
glue	ngjitës (m)	[ɲɟítəs]
sandpaper	letër smeril (f)	[létər smɛríl]
spring	sustë (f)	[sústə]
magnet	magnet (m)	[magnét]
gloves	dorëza (pl)	[dórəza]
rope	litar (m)	[litár]
cord	kordon (m)	[kordón]
wire (e.g., telephone ~)	tel (m)	[tɛl]
cable	kabllo (f)	[kábɫo]
sledgehammer	çekan i rëndë (m)	[tʃɛkán i rəndə]
prybar	levë (f)	[lévə]
ladder	shkallë (f)	[ʃkáɫə]
stepladder	shkallëz (f)	[ʃkáɫəz]
to screw (tighten)	vidhos	[viðós]
to unscrew (lid, filter, etc.)	zhvidhos	[ʒviðós]
to tighten (e.g., with a clamp)	shtrëngoj	[ʃtrəŋój]
to glue, to stick	ngjes	[ɲɟés]
to cut (vt)	pres	[prɛs]
malfunction (fault)	avari (f)	[avarí]
repair (mending)	riparim (m)	[riparím]
to repair, to fix (vt)	riparoj	[riparój]
to adjust (machine, etc.)	rregulloj	[rɛguɫój]
to check (to examine)	kontrolloj	[kontroɫój]
checking	kontroll (m)	[kontróɫ]
readings	matjet (pl)	[mátjɛt]
reliable, solid (machine)	e sigurt	[ɛ sígurt]
complex (adj)	komplekse	[komplékse]

to rust (get rusted)	**ndryshket**	[ndrýʃkɛt]
rusty, rusted (adj)	**e ndryshkur**	[ɛ ndrýʃkur]
rust	**ndryshk** (m)	[ndrýʃk]

Transportation

105. Airplane

airplane	avion (m)	[avión]
air ticket	biletë avioni (f)	[biléte avióni]
airline	kompani ajrore (f)	[kompaní ajrórɛ]
airport	aeroport (m)	[aɛropórt]
supersonic (adj)	supersonik	[supɛrsoník]
captain	kapiten (m)	[kapitén]
crew	ekip (m)	[ɛkíp]
pilot	pilot (m)	[pilót]
flight attendant (fem.)	stjuardesë (f)	[stjuardésə]
navigator	navigues (m)	[navigúɛs]
wings	krahë (pl)	[kráhə]
tail	bisht (m)	[biʃt]
cockpit	kabinë (f)	[kabínə]
engine	motor (m)	[motór]
undercarriage (landing gear)	karrel (m)	[karél]
turbine	turbinë (f)	[turbínə]
propeller	helikë (f)	[hɛlíkə]
black box	kuti e zezë (f)	[kutí ɛ zézə]
yoke (control column)	timon (m)	[timón]
fuel	karburant (m)	[karburánt]
safety card	udhëzime sigurie (pl)	[uðəzímɛ siguríɛ]
oxygen mask	maskë oksigjeni (f)	[máskə oksiɟéni]
uniform	uniformë (f)	[unifórmə]
life vest	jelek shpëtimi (m)	[jɛlék ʃpətími]
parachute	parashutë (f)	[paraʃútə]
takeoff	ngritje (f)	[ŋrítjɛ]
to take off (vi)	fluturon	[fluturón]
runway	pista e fluturimit (f)	[písta ɛ fluturímit]
visibility	shikueshmëri (f)	[ʃikuɛʃmərí]
flight (act of flying)	fluturim (m)	[fluturím]
altitude	lartësi (f)	[lartəsí]
air pocket	xhep ajri (m)	[dʒɛp ájri]
seat	karrige (f)	[karígɛ]
headphones	kufje (f)	[kúfjɛ]

folding tray (tray table)	tabaka (f)	[tabaká]
airplane window	dritare avioni (f)	[dritárɛ avióni]
aisle	korridor (m)	[koridór]

106. Train

train	tren (m)	[trɛn]
commuter train	tren elektrik (m)	[trɛn ɛlɛktrík]
express train	tren ekspres (m)	[trɛn ɛksprés]
diesel locomotive	lokomotivë me naftë (f)	[lokomótivə mɛ náftə]
steam locomotive	lokomotivë me avull (f)	[lokomótivə mɛ ávuɫ]

| passenger car | vagon (m) | [vagón] |
| dining car | vagon restorant (m) | [vagón rɛstoránt] |

rails	shina (pl)	[ʃína]
railroad	hekurudhë (f)	[hɛkurúðə]
railway tie	traversë (f)	[travérsə]

platform (railway ~)	platformë (f)	[platfórmə]
track (~ 1, 2, etc.)	binar (m)	[binár]
semaphore	semafor (m)	[sɛmafór]
station	stacion (m)	[statsión]

engineer (train driver)	makinist (m)	[makiníst]
porter (of luggage)	portier (m)	[portiér]
car attendant	konduktor (m)	[konduktór]
passenger	pasagjer (m)	[pasaɟér]
conductor (ticket inspector)	konduktor (m)	[konduktór]

| corridor (in train) | korridor (m) | [koridór] |
| emergency brake | frena urgjence (f) | [fréna urɟéntsɛ] |

compartment	ndarje (f)	[ndárjɛ]
berth	kat (m)	[kat]
upper berth	kati i sipërm (m)	[káti i sípərm]
lower berth	kati i poshtëm (m)	[káti i póʃtəm]
bed linen, bedding	shtroje shtrati (pl)	[ʃtrójɛ ʃtráti]

ticket	biletë (f)	[bilétə]
schedule	orar (m)	[orár]
information display	tabelë e informatave (f)	[tabéla ɛ informátavɛ]

to leave, to depart	niset	[nísɛt]
departure (of train)	nisje (f)	[nísjɛ]
to arrive (ab. train)	arrij	[aríj]
arrival	arritje (f)	[arítjɛ]
to arrive by train	arrij me tren	[aríj mɛ trɛn]
to get on the train	hip në tren	[hip nə trén]

to get off the train	zbres nga treni	[zbrɛs ŋa tréni]
train wreck	aksident hekurudhor (m)	[aksidént hɛkuruðór]
to derail (vi)	del nga shinat	[dɛl ŋa ʃínat]

steam locomotive	lokomotivë me avull (f)	[lokomótivə mɛ ávuɫ]
stoker, fireman	mbikëqyrës i zjarrit (m)	[mbikəcýrəs i zjárit]
firebox	furrë (f)	[fúrə]
coal	qymyr (m)	[cymýr]

107. Ship

| ship | anije (f) | [aníjɛ] |
| vessel | mjet lundrues (m) | [mjét lundrúɛs] |

steamship	anije me avull (f)	[aníjɛ mɛ ávuɫ]
riverboat	anije lumi (f)	[aníjɛ lúmi]
cruise ship	krocierë (f)	[krotsiérə]
cruiser	anije luftarake (f)	[aníjɛ luftarákɛ]

yacht	jaht (m)	[jáht]
tugboat	anije rimorkiuese (f)	[aníjɛ rimorkiúɛsɛ]
barge	anije transportuese (f)	[aníjɛ transportúɛsɛ]
ferry	traget (m)	[tragét]

| sailing ship | anije me vela (f) | [aníjɛ mɛ véla] |
| brigantine | brigantinë (f) | [brigantínə] |

| ice breaker | akullthyese (f) | [akuɫθýɛsɛ] |
| submarine | nëndetëse (f) | [nəndétəsɛ] |

boat (flat-bottomed ~)	barkë (f)	[bárkə]
dinghy	gomone (f)	[gomónɛ]
lifeboat	varkë shpëtimi (f)	[várkə ʃpətími]
motorboat	skaf (m)	[skaf]

captain	kapiten (m)	[kapitén]
seaman	marinar (m)	[marinár]
sailor	marinar (m)	[marinár]
crew	ekip (m)	[ɛkíp]

boatswain	kryemarinar (m)	[kryɛmarinár]
ship's boy	djali i anijes (m)	[djáli i aníjɛs]
cook	kuzhinier (m)	[kuʒiniér]
ship's doctor	doktori i anijes (m)	[doktóri i aníjɛs]

deck	kuverta (f)	[kuvérta]
mast	direk (m)	[dirék]
sail	vela (f)	[véla]
hold	bagazh (m)	[bagáʒ]
bow (prow)	harku sipëror (m)	[hárku sipərór]

English	Albanian	Pronunciation
stern	pjesa e pasme (f)	[pjésa ɛ pásmɛ]
oar	rrem (m)	[rɛm]
screw propeller	helikë (f)	[hɛlíkə]
cabin	kabinë (f)	[kabínə]
wardroom	zyrë e oficerëve (m)	[zýrə ɛ ofitsérəvɛ]
engine room	salla e motorit (m)	[sáɫa ɛ motórit]
bridge	urë komanduese (f)	[úrə komandúɛsɛ]
radio room	kabina radiotelegrafike (f)	[kabína radiotɛlɛgrafíkɛ]
wave (radio)	valë (f)	[válə]
logbook	libri i shënimeve (m)	[líbri i ʃənímɛvɛ]
spyglass	dylbi (f)	[dylbí]
bell	këmbanë (f)	[kəmbánə]
flag	flamur (m)	[flamúr]
hawser (mooring ~)	pallamar (m)	[paɫamár]
knot (bowline, etc.)	nyjë (f)	[nýjə]
deckrails	parmakë (pl)	[parmákə]
gangway	shkallë (f)	[ʃkáɫə]
anchor	spirancë (f)	[spirántsə]
to weigh anchor	ngre spirancën	[ŋré spirántsən]
to drop anchor	hedh spirancën	[hɛð spirántsən]
anchor chain	zinxhir i spirancës (m)	[zindʒír i spirántsəs]
port (harbor)	port (m)	[port]
quay, wharf	skelë (f)	[skélə]
to berth (moor)	ankoroj	[ankorój]
to cast off	niset	[nísɛt]
trip, voyage	udhëtim (m)	[uðətím]
cruise (sea trip)	udhëtim me krocierë (f)	[uðətím mɛ krotsiérə]
course (route)	kursi i udhëtimit (m)	[kúrsi i uðətímit]
route (itinerary)	itinerar (m)	[itinɛrár]
fairway (safe water channel)	ujëra të lundrueshme (f)	[újəra tə lundrúɛʃmɛ]
shallows	cekëtinë (f)	[tsɔkətínə]
to run aground	bllokohet në rërë	[bɫokóhɛt nə rərə]
storm	stuhi (f)	[stuhí]
signal	sinjal (m)	[siɲál]
to sink (vi)	fundoset	[fundósɛt]
Man overboard!	Njeri në det!	[ɲɛrí nə dɛt!]
SOS (distress signal)	SOS (m)	[sɔs]
ring buoy	bovë shpëtuese (f)	[bóvə ʃpətúɛsɛ]

108. Airport

airport	aeroport (m)	[aɛropórt]
airplane	avion (m)	[avión]
airline	kompani ajrore (f)	[kompaní ajrórɛ]
air traffic controller	kontroll i trafikut ajror (m)	[kontróɫ i trafíkut ajrór]
departure	nisje (f)	[nísjɛ]
arrival	arritje (f)	[arítjɛ]
to arrive (by plane)	arrij me avion	[aríj mɛ avión]
departure time	nisja (f)	[nísja]
arrival time	arritja (f)	[arítja]
to be delayed	vonesë	[vonésə]
flight delay	vonesë avioni (f)	[vonésə avióni]
information board	ekrani i informacioneve (m)	[ɛkráni i informatsiónɛvɛ]
information	informacion (m)	[informatsión]
to announce (vt)	njoftoj	[ɲoftój]
flight (e.g., next ~)	fluturim (m)	[fluturím]
customs	doganë (f)	[dogánə]
customs officer	doganier (m)	[doganiér]
customs declaration	deklarim doganor (m)	[dɛklarím doganór]
to fill out (vt)	plotësoj	[plotəsój]
to fill out the declaration	plotësoj deklaratën	[plotəsój dɛklarátən]
passport control	kontroll pasaportash (m)	[kontróɫ pasapórtaʃ]
luggage	bagazh (m)	[bagáʒ]
hand luggage	bagazh dore (m)	[bagáʒ dórɛ]
luggage cart	karrocë bagazhesh (f)	[karótsə bagáʒɛʃ]
landing	aterrim (m)	[atɛrím]
landing strip	pistë aterrimi (f)	[pístə atɛrími]
to land (vi)	aterroj	[atɛrój]
airstair (passenger stair)	shkallë avioni (f)	[ʃkáɫə avióni]
check-in	regjistrim (m)	[rɛɟistrím]
check-in counter	sportel regjistrimi (m)	[sportél rɛɟistrími]
to check-in (vi)	regjistrohem	[rɛɟistróhɛm]
boarding pass	biletë e hyrjes (f)	[bilétə ɛ hýrjɛs]
departure gate	porta e nisjes (f)	[pórta ɛ nísjɛs]
transit	transit (m)	[transít]
to wait (vt)	pres	[prɛs]
departure lounge	salla e nisjes (f)	[sáɫa ɛ nísjɛs]
to see off	përcjell	[pərtsjéɫ]
to say goodbye	përshëndetem	[pərʃəndétɛm]

Life events

109. Holidays. Event

celebration, holiday	festë (f)	[féstə]
national day	festë kombëtare (f)	[féstə kombətárɛ]
public holiday	festë publike (f)	[féstə publíkɛ]
to commemorate (vt)	festoj	[fɛstój]

event (happening)	ceremoni (f)	[tsɛrɛmoní]
event (organized activity)	eveniment (m)	[ɛvɛnimént]
banquet (party)	banket (m)	[bankét]
reception (formal party)	pritje (f)	[prítjɛ]
feast	aheng (m)	[ahéŋ]

anniversary	përvjetor (m)	[pərvjɛtór]
jubilee	jubile (m)	[jubilé]
to celebrate (vt)	festoj	[fɛstój]

New Year	Viti i Ri (m)	[víti i rí]
Happy New Year!	Gëzuar Vitin e Ri!	[gəzúar vítin ɛ rí!]
Santa Claus	Santa Klaus (m)	[sánta kláus]

Christmas	Krishtlindje (f)	[kriʃtlíndjɛ]
Merry Christmas!	Gëzuar Krishtlindjen!	[gəzúar kriʃtlíndjɛn!]
Christmas tree	péma e Krishtlindjes (f)	[péma ɛ kriʃtlíndjɛs]
fireworks (fireworks show)	fishekzjarrë (m)	[fiʃɛkzjárə]

wedding	dasmë (f)	[dásmə]
groom	dhëndër (m)	[ðə́ndər]
bride	nuse (f)	[núsɛ]

to invite (vt)	ftoj	[ftoj]
invitation card	ftesë (f)	[ftésə]

guest	mysafir (m)	[mysafír]
to visit	vizitoj	[vizitój]
(~ your parents, etc.)		
to meet the guests	takoj të ftuarit	[takój tə ftúarit]

gift, present	dhuratë (f)	[ðurátə]
to give (sth as present)	dhuroj	[ðurój]
to receive gifts	marr dhurata	[mar ðuráta]
bouquet (of flowers)	buqetë (f)	[bucétə]
congratulations	urime (f)	[urímɛ]
to congratulate (vt)	përgëzoj	[pərgezój]

greeting card	kartolinë (f)	[kartolínə]
to send a postcard	dërgoj kartolinë	[dərgój kartolínə]
to get a postcard	marr kartolinë	[mar kartolínə]

toast	dolli (f)	[dotí]
to offer (a drink, etc.)	qeras	[cɛrás]
champagne	shampanjë (f)	[ʃampáɲə]

to enjoy oneself	kënaqem	[kənácɛm]
merriment (gaiety)	gëzim (m)	[gəzím]
joy (emotion)	gëzim (m)	[gəzím]

| dance | vallëzim (m) | [vatəzím] |
| to dance (vi, vt) | vallëzoj | [vatəzój] |

| waltz | vals (m) | [vals] |
| tango | tango (f) | [táŋo] |

110. Funerals. Burial

cemetery	varreza (f)	[varéza]
grave, tomb	varr (m)	[var]
cross	kryq (m)	[kryc]
gravestone	gur varri (m)	[gur vári]
fence	gardh (m)	[garð]
chapel	kishëz (f)	[kíʃəz]

| death | vdekje (f) | [vdékjɛ] |
| to die (vi) | vdes | [vdɛs] |

| the deceased | i vdekuri (m) | [i vdékuri] |
| mourning | zi (f) | [zi] |

to bury (vt)	varros	[varós]
funeral home	agjenci funeralesh (f)	[aɟɛntsí funɛrálɛʃ]
funeral	funeral (m)	[funɛrál]

| wreath | kurorë (f) | [kurórə] |
| casket, coffin | arkivol (m) | [arkivól] |

| hearse | makinë funebre (f) | [makínə funébrɛ] |
| shroud | qefin (m) | [cɛfín] |

funeral procession	kortezh (m)	[kortéʒ]
funerary urn	urnë (f)	[úrnə]
crematory	kremator (m)	[krɛmatór]

obituary	përkujtim (m)	[pərkujtím]
to cry (weep)	qaj	[caj]
to sob (vi)	qaj me dënesë	[caj mɛ dənésə]

111. War. Soldiers

platoon	togë (f)	[tógə]
company	kompani (f)	[kompaní]
regiment	regjiment (m)	[rɛɟimént]
army	ushtri (f)	[uʃtrí]
division	divizion (m)	[divizión]

section, squad	skuadër (f)	[skuádər]
host (army)	armatë (f)	[armátə]

soldier	ushtar (m)	[uʃtár]
officer	oficer (m)	[ofitsér]

private	ushtar (m)	[uʃtár]
sergeant	rreshter (m)	[rɛʃtér]
lieutenant	toger (m)	[togér]
captain	kapiten (m)	[kapitén]
major	major (m)	[majór]
colonel	kolonel (m)	[kolonél]
general	gjeneral (m)	[ɟɛnɛrál]

sailor	marinar (m)	[marinár]
captain	kapiten (m)	[kapitén]
boatswain	kryemarinar (m)	[kryɛmarinár]

artilleryman	artiljer (m)	[artiljér]
paratrooper	parashutist (m)	[paraʃutíst]
pilot	pilot (m)	[pilót]
navigator	navigues (m)	[navigúɛs]
mechanic	mekanik (m)	[mɛkaník]

pioneer (sapper)	xhenier (m)	[dʒɛniér]
parachutist	parashutist (m)	[paraʃutíst]
reconnaissance scout	agjent zbulimi (m)	[aɟént zbulími]
sniper	snajper (m)	[snajpér]

patrol (group)	patrullë (f)	[patrúɫə]
to patrol (vt)	patrulloj	[patruɫój]
sentry, guard	rojë (f)	[rójə]

warrior	luftëtar (m)	[luftətár]
patriot	patriot (m)	[patrióť]
hero	hero (m)	[hɛró]
heroine	heroinë (f)	[hɛroínə]

traitor	tradhtar (m)	[traðtár]
to betray (vt)	tradhtoj	[traðtój]

deserter	dezertues (m)	[dɛzɛrtúɛs]
to desert (vi)	dezertoj	[dɛzɛrtój]

mercenary	mercenar (m)	[mɛrtsɛnár]
recruit	rekrut (m)	[rɛkrút]
volunteer	vullnetar (m)	[vuɫnɛtár]

dead (n)	vdekur (m)	[vdékur]
wounded (n)	i plagosur (m)	[i plagósur]
prisoner of war	rob lufte (m)	[rob lúftɛ]

112. War. Military actions. Part 1

war	luftë (f)	[lúftə]
to be at war	në luftë	[nə lúftə]
civil war	luftë civile (f)	[lúftə tsivílɛ]

treacherously (adv)	pabesisht	[pabɛsíʃt]
declaration of war	shpallje lufte (f)	[ʃpáɫjɛ lúftɛ]
to declare (~ war)	shpall	[ʃpaɫ]
aggression	agresion (m)	[agrɛsión]
to attack (invade)	sulmoj	[sulmój]

to invade (vt)	pushtoj	[puʃtój]
invader	pushtues (m)	[puʃtúɛs]
conqueror	pushtues (m)	[puʃtúɛs]

defense	mbrojtje (f)	[mbrójtjɛ]
to defend (a country, etc.)	mbroj	[mbrój]
to defend (against ...)	mbrohem	[mbróhɛm]

enemy	armik (m)	[armík]
foe, adversary	kundërshtar (m)	[kundərʃtár]
enemy (as adj)	armike	[armíkɛ]

| strategy | strategji (f) | [stratɛɟí] |
| tactics | taktikë (f) | [taktíkə] |

order	urdhër (m)	[úrðər]
command (order)	komandë (f)	[komándə]
to order (vt)	urdhëroj	[urðərój]
mission	mision (m)	[misión]
secret (adj)	sekret	[sɛkrét]

| battle, combat | betejë (f) | [bɛtéjə] |
| combat | luftim (m) | [luftím] |

attack	sulm (m)	[sulm]
charge (assault)	sulm (m)	[sulm]
to storm (vt)	sulmoj	[sulmój]
siege (to be under ~)	nën rrethim (m)	[nən rɛθím]
offensive (n)	sulm (m)	[sulm]
to go on the offensive	kaloj në sulm	[kalój nə súlm]

| retreat | tërheqje (f) | [tərhécjɛ] |
| to retreat (vi) | tërhiqem | [tərhícɛm] |

| encirclement | rrethim (m) | [rɛθím] |
| to encircle (vt) | rrethoj | [rɛθój] |

bombing (by aircraft)	bombardim (m)	[bombardím]
to drop a bomb	hedh bombë	[hɛð bómbə]
to bomb (vt)	bombardoj	[bombardój]
explosion	shpërthim (m)	[ʃpərθím]

shot	e shtënë (f)	[ɛ ʃténə]
to fire (~ a shot)	qëlloj	[cəɫój]
firing (burst of ~)	të shtëna (pl)	[tə ʃténa]

to aim (to point a weapon)	vë në shënjestër	[və nə ʃəɲéstər]
to point (a gun)	drejtoj armën	[drɛjtój ármən]
to hit (the target)	qëlloj	[cəɫój]

to sink (~ a ship)	fundos	[fundós]
hole (in a ship)	vrimë (f)	[vrímə]
to founder, to sink (vi)	fundoset	[fundósɛt]

front (war ~)	front (m)	[front]
evacuation	evakuim (m)	[ɛvakuím]
to evacuate (vt)	evakuoj	[ɛvakuój]

trench	llogore (f)	[ɫogórɛ]
barbwire	tel me gjemba (m)	[tɛl mɛ ɟémba]
barrier (anti tank ~)	pengesë (f)	[pɛŋésə]
watchtower	kullë vrojtuese (f)	[kúɫə vrojtúɛsɛ]

military hospital	spital ushtarak (m)	[spitál uʃtarák]
to wound (vt)	plagos	[plagós]
wound	plagë (f)	[plágə]
wounded (n)	i plagosur (m)	[i plagósur]
to be wounded	jam i plagosur	[jam i plagósur]
serious (wound)	rëndë	[réndə]

113. War. Military actions. Part 2

captivity	burgosje (f)	[burgósjɛ]
to take captive	zë rob	[zə rob]
to be held captive	mbahem rob	[mbáhɛm rób]
to be taken captive	zihem rob	[zíhɛm rob]

concentration camp	kamp përqendrimi (m)	[kamp pərcɛndrími]
prisoner of war	rob lufte (m)	[rob lúftɛ]
to escape (vi)	arratisem	[aratísɛm]
to betray (vt)	tradhtoj	[traðtój]

| betrayer | tradhtar (m) | [traðtár] |
| betrayal | tradhti (f) | [traðtí] |

| to execute (by firing squad) | ekzekutoj | [ɛkzɛkutój] |
| execution (by firing squad) | ekzekutim (m) | [ɛkzɛkutím] |

equipment (military gear)	armatim (m)	[armatím]
shoulder board	spaletë (f)	[spalétə]
gas mask	maskë antigaz (f)	[máskə antigáz]

field radio	radiomarrëse (f)	[radiomárəsɛ]
cipher, code	kod sekret (m)	[kód sɛkrét]
secrecy	komplot (m)	[komplót]
password	fjalëkalim (m)	[fjaləkalím]

land mine	minë tokësore (f)	[mínə tokəsórɛ]
to mine (road, etc.)	minoj	[minój]
minefield	fushë e minuar (f)	[fúʃə ɛ minúar]

air-raid warning	alarm sulmi ajror (m)	[alárm súlmi ajrór]
alarm (alert signal)	alarm (m)	[alárm]
signal	sinjal (m)	[siɲál]
signal flare	sinjalizues (m)	[siɲalizúɛs]

headquarters	selia qendrore (f)	[sɛlía cɛndrórɛ]
reconnaissance	zbulim (m)	[zbulím]
situation	gjendje (f)	[ɟéndjɛ]
report	raport (m)	[rapórt]
ambush	pritë (f)	[prítə]
reinforcement (of army)	përforcim (m)	[pərfortsím]

target	shënjestër (f)	[ʃəɲéstər]
proving ground	poligon (m)	[poligón]
military exercise	manovra ushtarake (f)	[manóvra uʃtarákɛ]

panic	panik (m)	[paník]
devastation	shkatërrim (m)	[ʃkatərím]
destruction, ruins	gërmadha (pl)	[gərmáða]
to destroy (vt)	shkatërroj	[ʃkatərój]

to survive (vi, vt)	mbijetoj	[mbijɛtój]
to disarm (vt)	çarmatos	[tʃarmatós]
to handle (~ a gun)	manovroj	[manovrój]

| Attention! | Gatitu! | [gatitú!] |
| At ease! | Qetësohu! | [cɛtəsóhu!] |

feat, act of courage	akt heroik (m)	[ákt hɛroík]
oath (vow)	betim (m)	[bɛtím]
to swear (an oath)	betohem	[bɛtóhɛm]
decoration (medal, etc.)	dekoratë (f)	[dɛkorátə]

to award (give medal to)	dekoroj	[dɛkorój]
medal	medalje (f)	[mɛdáljɛ]
order (e.g., ~ of Merit)	urdhër medalje (m)	[úrðər mɛdáljɛ]
victory	fitore (f)	[fitórɛ]
defeat	humbje (f)	[húmbjɛ]
armistice	armëpushim (m)	[arməpuʃím]
standard (battle flag)	flamur beteje (m)	[flamúr bɛtéjɛ]
glory (honor, fame)	famë (f)	[fámə]
parade	paradë (f)	[parádə]
to march (on parade)	marshoj	[marʃój]

114. Weapons

weapons	armë (f)	[ármə]
firearms	armë zjarri (f)	[ármə zjári]
cold weapons (knives, etc.)	armë të ftohta (pl)	[ármə tə ftóhta]
chemical weapons	armë kimike (f)	[ármə kimíkɛ]
nuclear (adj)	nukleare	[nuklɛárɛ]
nuclear weapons	armë nukleare (f)	[ármə nuklɛárɛ]
bomb	bombë (f)	[bómbə]
atomic bomb	bombë atomike (f)	[bómbə atomíkɛ]
pistol (gun)	pistoletë (f)	[pistolétə]
rifle	pushkë (f)	[púʃkə]
submachine gun	mitraloz (m)	[mitralóz]
machine gun	mitraloz (m)	[mitralóz]
muzzle	grykë (f)	[grýkə]
barrel	tytë pushke (f)	[týtə púʃkɛ]
caliber	kalibër (m)	[kalíbər]
trigger	këmbëz (f)	[kémbəz]
sight (aiming device)	shënjestër (f)	[ʃəɲéstər]
magazine	karikator (m)	[karikatór]
butt (shoulder stock)	qytë (f)	[cýtə]
hand grenade	bombë dore (f)	[bómbə dórɛ]
explosive	eksploziv (m)	[ɛksplozív]
bullet	plumb (m)	[plúmb]
cartridge	fishek (m)	[fiʃék]
charge	karikim (m)	[karikím]
ammunition	municion (m)	[munitsión]
bomber (aircraft)	avion bombardues (m)	[avión bombardúɛs]
fighter	avion luftarak (m)	[avión luftarák]

helicopter	helikopter (m)	[hɛlikoptér]
anti-aircraft gun	armë anti-ajrore (f)	[ármə ánti-ajrórɛ]
tank	tank (m)	[tank]
tank gun	top tanku (m)	[top tánku]

artillery	artileri (f)	[artilɛrí]
gun (cannon, howitzer)	top (m)	[top]
to lay (a gun)	vë në shënjestër	[və nə ʃəɲéstər]

shell (projectile)	mortajë (f)	[mortájə]
mortar bomb	bombë mortaje (f)	[bómbə mortájɛ]
mortar	mortajë (f)	[mortájə]
splinter (shell fragment)	copëz mortaje (f)	[tsópəz mortájɛ]

submarine	nëndetëse (f)	[nəndétəsɛ]
torpedo	silurë (f)	[silúrə]
missile	raketë (f)	[rakétə]

to load (gun)	mbush	[mbúʃ]
to shoot (vi)	qëlloj	[cəɫój]
to point at (the cannon)	drejtoj	[drɛjtój]
bayonet	bajonetë (f)	[bajonétə]

rapier	shpatë (f)	[ʃpátə]
saber (e.g., cavalry ~)	shpatë (f)	[ʃpátə]
spear (weapon)	shtizë (f)	[ʃtízə]
bow	hark (m)	[hárk]
arrow	shigjetë (f)	[ʃiɟétə]
musket	musketë (f)	[muskétə]
crossbow	pushkë-shigjetë (f)	[púʃkə-ʃɟétə]

115. Ancient people

primitive (prehistoric)	prehistorik	[prɛhistorík]
prehistoric (adj)	prehistorike	[prɛhistoríkɛ]
ancient (~ civilization)	i lashtë	[i láʃtə]

Stone Age	Epoka e Gurit (f)	[ɛpóka ɛ gúrit]
Bronze Age	Epoka e Bronzit (f)	[ɛpóka ɛ brónzit]
Ice Age	Epoka e akullit (f)	[ɛpóka ɛ ákuɫit]

tribe	klan (m)	[klan]
cannibal	kanibal (m)	[kanibál]
hunter	gjahtar (m)	[ɟahtár]
to hunt (vi, vt)	dal për gjah	[dál pər ɟáh]
mammoth	mamut (m)	[mamút]

cave	shpellë (f)	[ʃpéɫə]
fire	zjarr (m)	[zjar]
campfire	zjarr kampingu (m)	[zjar kampíŋu]

cave painting	vizatim në shpella (m)	[vizatím nə ʃpéɫa]
tool (e.g., stone ax)	vegël (f)	[végəl]
spear	shtizë (f)	[ʃtízə]
stone ax	sëpatë guri (f)	[səpátə gúri]
to be at war	në luftë	[nə lúftə]
to domesticate (vt)	zbus	[zbus]
idol	idhull (m)	[íðuɫ]
to worship (vt)	adhuroj	[aðurój]
superstition	besëtytni (f)	[bɛsətytní]
rite	rit (m)	[rit]
evolution	evolucion (m)	[ɛvolutsión]
development	zhvillim (m)	[ʒviɫím]
disappearance (extinction)	zhdukje (f)	[ʒdúkjɛ]
to adapt oneself	përshtatem	[pərʃtátɛm]
archeology	arkeologji (f)	[arkɛoloɟí]
archeologist	arkeolog (m)	[arkɛológ]
archeological (adj)	arkeologjike	[arkɛoloɟíkɛ]
excavation site	vendi i gërmimeve (m)	[véndi i gərmímɛvɛ]
excavations	gërmime (pl)	[gərmímɛ]
find (object)	zbulim (m)	[zbulím]
fragment	fragment (m)	[fragmént]

116. Middle Ages

people (ethnic group)	popull (f)	[pópuɫ]
peoples	popuj (pl)	[pópuj]
tribe	klan (m)	[klan]
tribes	klane (pl)	[klánɛ]
barbarians	barbarë (pl)	[barbárə]
Gauls	Galët (pl)	[gálət]
Goths	Gotët (pl)	[gótət]
Slavs	Sllavët (pl)	[sɫávət]
Vikings	Vikingët (pl)	[vikíŋət]
Romans	Romakët (pl)	[romákət]
Roman (adj)	romak	[romák]
Byzantines	Bizantinët (pl)	[bizantínət]
Byzantium	Bizanti (m)	[bizánti]
Byzantine (adj)	bizantine	[bizantínɛ]
emperor	perandor (m)	[pɛrandór]
leader, chief (tribal ~)	prijës (m)	[príjəs]
powerful (~ king)	i fuqishem	[i fucíʃəm]
king	mbret (m)	[mbrét]

ruler (sovereign)	sundimtar (m)	[sundimtár]
knight	kalorës (m)	[kalórəs]
feudal lord	lord feudal (m)	[lórd fɛudál]
feudal (adj)	feudal	[fɛudál]
vassal	vasal (m)	[vasál]

duke	dukë (f)	[dúkə]
earl	kont (m)	[kont]
baron	baron (m)	[barón]
bishop	peshkop (m)	[pɛʃkóp]

armor	parzmore (f)	[parzmórɛ]
shield	mburojë (f)	[mburójə]
sword	shpatë (f)	[ʃpátə]
visor	ballnik (m)	[bałník]
chainmail	thurak (m)	[θurák]

| Crusade | Kryqëzata (f) | [krycəzáta] |
| crusader | kryqtar (m) | [kryctár] |

territory	territor (m)	[tɛritór]
to attack (invade)	sulmoj	[sulmój]
to conquer (vt)	mposht	[mpóʃt]
to occupy (invade)	pushtoj	[puʃtój]

siege (to be under ~)	nën rrethim (m)	[nən rɛθím]
besieged (adj)	i rrethuar	[i rɛθúar]
to besiege (vt)	rrethoj	[rɛθój]

inquisition	inkuizicion (m)	[inkuizitsión]
inquisitor	inkuizitor (m)	[inkuizitór]
torture	torturë (f)	[tortúrə]
cruel (adj)	mizor	[mizór]
heretic	heretik (m)	[hɛrɛtík]
heresy	herezi (f)	[hɛrɛzí]

seafaring	lundrim (m)	[lundrím]
pirate	pirat (m)	[pirát]
piracy	pirateri (f)	[piratɛrí]
boarding (attack)	sulm me anije (m)	[sulm mɛ aníjɛ]

| loot, booty | plaçkë (f) | [plátʃkə] |
| treasures | thesare (pl) | [θɛsárɛ] |

discovery	zbulim (m)	[zbulím]
to discover (new land, etc.)	zbuloj	[zbulój]
expedition	ekspeditë (f)	[ɛkspɛdítə]

musketeer	musketar (m)	[muskɛtár]
cardinal	kardinal (m)	[kardinál]
heraldry	heraldikë (f)	[hɛraldíkə]
heraldic (adj)	heraldik	[hɛraldík]

117. Leader. Chief. Authorities

king	mbret (m)	[mbrét]
queen	mbretëreshë (f)	[mbrɛtəréʃə]
royal (adj)	mbretërore	[mbrɛtərórɛ]
kingdom	mbretëri (f)	[mbrɛtərí]
prince	princ (m)	[prints]
princess	princeshë (f)	[printséʃə]
president	president (m)	[prɛsidént]
vice-president	zëvendës president (m)	[zəvéndəs prɛsidént]
senator	senator (m)	[sɛnatór]
monarch	monark (m)	[monárk]
ruler (sovereign)	sundimtar (m)	[sundimtár]
dictator	diktator (m)	[diktatór]
tyrant	tiran (m)	[tirán]
magnate	manjat (m)	[maɲát]
director	drejtor (m)	[drɛjtór]
chief	udhëheqës (m)	[uðəhécəs]
manager (director)	drejtor (m)	[drɛjtór]
boss	bos (m)	[bos]
owner	pronar (m)	[pronár]
leader	lider (m)	[lidér]
head (~ of delegation)	kryetar (m)	[kryɛtár]
authorities	autoritetet (pl)	[autoritétɛt]
superiors	eprorët (pl)	[ɛprórət]
governor	guvernator (m)	[guvɛrnatór]
consul	konsull (m)	[kónsuɫ]
diplomat	diplomat (m)	[diplomát]
mayor	kryetar komune (m)	[kryɛtár komúnɛ]
sheriff	sherif (m)	[ʃɛríf]
emperor	perandor (m)	[pɛrandór]
tsar, czar	car (m)	[tsár]
pharaoh	faraon (m)	[faraón]
khan	khan (m)	[khán]

118. Breaking the law. Criminals. Part 1

bandit	bandit (m)	[bandít]
crime	krim (m)	[krim]
criminal (person)	kriminel (m)	[kriminél]
thief	hajdut (m)	[hajdút]
to steal (vi, vt)	vjedh	[vjɛð]

English	Albanian	Pronunciation
stealing, theft	vjedhje (f)	[vjéðjɛ]
to kidnap (vt)	rrëmbej	[rəmbéj]
kidnapping	rrëmbim (m)	[rəmbím]
kidnapper	rrëmbyes (m)	[rəmbýɛs]
ransom	shpërblesë (f)	[ʃpərblésə]
to demand ransom	kërkoj shpërblesë	[kərkój ʃpərblésə]
to rob (vt)	grabis	[grabís]
robbery	grabitje (f)	[grabítjɛ]
robber	grabitës (m)	[grabítəs]
to extort (vt)	zhvat	[ʒvat]
extortionist	zhvatës (m)	[ʒvátəs]
extortion	zhvatje (f)	[ʒvátjɛ]
to murder, to kill	vras	[vras]
murder	vrasje (f)	[vrásjɛ]
murderer	vrasës (m)	[vrásəs]
gunshot	e shtënë (f)	[ɛ ʃténə]
to fire (~ a shot)	qëlloj	[cətój]
to shoot to death	qëlloj për vdekje	[cətój pər vdékjɛ]
to shoot (vi)	qëlloj	[cətój]
shooting	të shtëna (pl)	[tə ʃténa]
incident (fight, etc.)	incident (m)	[intsidént]
fight, brawl	përleshje (f)	[pərléʃjɛ]
Help!	Ndihmë!	[ndíhmə!]
victim	viktimë (f)	[viktímə]
to damage (vt)	dëmtoj	[dəmtój]
damage	dëm (m)	[dəm]
dead body, corpse	kufomë (f)	[kufómə]
grave (~ crime)	i rëndë	[i réndə]
to attack (vt)	sulmoj	[sulmój]
to beat (to hit)	rrah	[rah]
to beat up	sakatoj	[sakatój]
to take (rob of sth)	rrëmbej	[rəmbéj]
to stab to death	ther për vdekje	[θɛr pər vdékjɛ]
to maim (vt)	gjymtoj	[ɟymtój]
to wound (vt)	plagos	[plagós]
blackmail	shantazh (m)	[ʃantáʒ]
to blackmail (vt)	bëj shantazh	[bəj ʃantáʒ]
blackmailer	shantazhist (m)	[ʃantaʒíst]
protection racket	rrjet mashtrimi (m)	[rjét maʃtrími]
racketeer	mashtrues (m)	[maʃtrúɛs]
gangster	gangster (m)	[gaŋstér]
mafia, Mob	mafia (f)	[máfia]

pickpocket	vjedhës xhepash (m)	[vjéðəs dʒépaʃ]
burglar	hajdut (m)	[hajdút]
smuggling	trafikim (m)	[trafikím]
smuggler	trafikues (m)	[trafikúɛs]

forgery	falsifikim (m)	[falsifikím]
to forge (counterfeit)	falsifikoj	[falsifikój]
fake (forged)	fals	[fáls]

119. Breaking the law. Criminals. Part 2

rape	përdhunim (m)	[pərðuním]
to rape (vt)	përdhunoj	[pərðunój]
rapist	përdhunues (m)	[pərðunúɛs]
maniac	maniak (m)	[maniák]

prostitute (fem.)	prostitutë (f)	[prostitútə]
prostitution	prostitucion (m)	[prostitutsión]
pimp	tutor (m)	[tutór]

| drug addict | narkoman (m) | [narkomán] |
| drug dealer | trafikant droge (m) | [trafikánt drógɛ] |

to blow up (bomb)	shpërthej	[ʃpərθéj]
explosion	shpërthim (m)	[ʃpərθím]
to set fire	vë flakën	[və flákən]
arsonist	zjarrvënës (m)	[zjarvénəs]

terrorism	terrorizëm (m)	[tɛrorízəm]
terrorist	terrorist (m)	[tɛroríst]
hostage	peng (m)	[pɛŋ]

to swindle (deceive)	mashtroj	[maʃtrój]
swindle, deception	mashtrim (m)	[maʃtrím]
swindler	mashtrues (m)	[maʃtrúɛs]

to bribe (vt)	jap ryshfet	[jap ryʃfét]
bribery	ryshfet (m)	[ryʃfét]
bribe	ryshfet (m)	[ryʃfét]

poison	helm (m)	[hɛlm]
to poison (vt)	helmoj	[hɛlmój]
to poison oneself	helmohem	[hɛlmóhɛm]

| suicide (act) | vetëvrasje (f) | [vɛtəvrásjɛ] |
| suicide (person) | vetëvrasës (m) | [vɛtəvrásəs] |

to threaten (vt)	kërcënoj	[kərtsənój]
threat	kërcënim (m)	[kərtsəním]
to make an attempt	tentoj	[tɛntój]

attempt (attack)	atentat (m)	[atɛntát]
to steal (a car)	vjedh	[vjɛð]
to hijack (a plane)	rrëmbej	[rəmbéj]

| revenge | hakmarrje (f) | [hakmárjɛ] |
| to avenge (get revenge) | hakmerrem | [hakmérɛm] |

to torture (vt)	torturoj	[torturój]
torture	torturë (f)	[tortúrə]
to torment (vt)	torturoj	[torturój]

pirate	pirat (m)	[pirát]
hooligan	huligan (m)	[huligán]
armed (adj)	i armatosur	[i armatósur]
violence	dhunë (f)	[ðúnə]
illegal (unlawful)	ilegal	[ilɛgál]

| spying (espionage) | spiunazh (m) | [spiunáʒ] |
| to spy (vi) | spiunoj | [spiunój] |

120. Police. Law. Part 1

| justice | drejtësi (f) | [drɛjtəsí] |
| court (see you in ~) | gjykatë (f) | [ɟykátə] |

judge	gjykatës (m)	[ɟykátəs]
jurors	anëtar jurie (m)	[anətár juríɛ]
jury trial	gjyq me juri (m)	[ɟyc mɛ jurí]
to judge, to try (vt)	gjykoj	[ɟykój]

lawyer, attorney	avokat (m)	[avokát]
defendant	pandehur (m)	[pandéhur]
dock	bankë e të pandehurit (f)	[bánkə ɛ tə pandéhurit]

| charge | akuzë (f) | [akúzə] |
| accused | i akuzuar (m) | [i akuzúar] |

| sentence | vendim (m) | [vɛndím] |
| to sentence (vt) | dënoj | [dənój] |

guilty (culprit)	fajtor (m)	[fajtór]
to punish (vt)	ndëshkoj	[ndəʃkój]
punishment	ndëshkim (m)	[ndəʃkím]

fine (penalty)	gjobë (f)	[ɟóbə]
life imprisonment	burgim i përjetshëm (m)	[burgím i pərjétʃəm]
death penalty	dënim me vdekje (m)	[dəním mɛ vdékjɛ]
electric chair	karrige elektrike (f)	[karígɛ ɛlɛktríkɛ]
gallows	varje (f)	[várjɛ]
to execute (vt)	ekzekutoj	[ɛkzɛkutój]

English	Albanian	Pronunciation
execution	ekzekutim (m)	[ɛkzɛkutím]
prison, jail	burg (m)	[búrg]
cell	qeli (f)	[cɛlí]
escort (convoy)	eskortë (f)	[ɛskórtə]
prison guard	gardian burgu (m)	[gardián búrgu]
prisoner	i burgosur (m)	[i burgósur]
handcuffs	pranga (f)	[práŋa]
to handcuff (vt)	vë prangat	[və práŋat]
prison break	arratisje nga burgu (f)	[aratísjɛ ŋa búrgu]
to break out (vi)	arratisem	[aratísɛm]
to disappear (vi)	zhduk	[ʒduk]
to release (from prison)	dal nga burgu	[dál ŋa búrgu]
amnesty	amnisti (f)	[amnistí]
police	polici (f)	[politsí]
police officer	polic (m)	[políts]
police station	komisariat (m)	[komisariát]
billy club	shkop gome (m)	[ʃkop gómɛ]
bullhorn	altoparlant (m)	[altoparlánt]
patrol car	makinë patrullimi (f)	[makínə patruɫími]
siren	alarm (m)	[alárm]
to turn on the siren	ndez sirenën	[ndɛz sirénən]
siren call	zhurmë alarmi (f)	[ʒúrmə alármi]
crime scene	skenë krimi (f)	[skénə krími]
witness	dëshmitar (m)	[dəʃmitár]
freedom	liri (f)	[lirí]
accomplice	bashkëpunëtor (m)	[baʃkəpunətór]
to flee (vi)	zhdukem	[ʒdúkɛm]
trace (to leave a ~)	gjurmë (f)	[ɟúrmə]

121. Police. Law. Part 2

English	Albanian	Pronunciation
search (investigation)	kërkim (m)	[kərkím]
to look for ...	kërkoj ...	[kərkój ...]
suspicion	dyshim (m)	[dyʃím]
suspicious (e.g., ~ vehicle)	i dyshuar	[i dyʃúar]
to stop (cause to halt)	ndaloj	[ndalój]
to detain (keep in custody)	mbaj të ndaluar	[mbáj tə ndalúar]
case (lawsuit)	padi (f)	[padí]
investigation	hetim (m)	[hɛtím]
detective	detektiv (m)	[dɛtɛktív]
investigator	hetues (m)	[hɛtúɛs]
hypothesis	hipotezë (f)	[hipotézə]
motive	motiv (m)	[motív]

English	Albanian	Pronunciation
interrogation	marrje në pyetje (f)	[márjɛ nə pýɛtjɛ]
to interrogate (vt)	marr në pyetje	[mar nə pýɛtjɛ]
to question (~ neighbors, etc.)	pyes	[pýɛs]
check (identity ~)	verifikim (m)	[vɛrifikím]
round-up (raid)	kontroll në grup (m)	[kontróɫ nə grúp]
search (~ warrant)	bastisje (f)	[bastísjɛ]
chase (pursuit)	ndjekje (f)	[ndjékjɛ]
to pursue, to chase	ndjek	[ndjék]
to track (a criminal)	ndjek	[ndjék]
arrest	arrestim (m)	[arɛstím]
to arrest (sb)	arrestoj	[arɛstój]
to catch (thief, etc.)	kap	[kap]
capture	kapje (f)	[kápjɛ]
document	dokument (m)	[dokumént]
proof (evidence)	provë (f)	[próvə]
to prove (vt)	dëshmoj	[dəʃmój]
footprint	gjurmë (f)	[ɟúrmə]
fingerprints	shenja gishtash (pl)	[ʃéɲa gíʃtaʃ]
piece of evidence	provë (f)	[próvə]
alibi	alibi (f)	[alibí]
innocent (not guilty)	i pafajshëm	[i pafájʃəm]
injustice	padrejtësi (f)	[padrɛjtəsí]
unjust, unfair (adj)	i padrejtë	[i padréjtə]
criminal (adj)	kriminale	[kriminálɛ]
to confiscate (vt)	konfiskoj	[konfiskój]
drug (illegal substance)	drogë (f)	[drógə]
weapon, gun	armë (f)	[ármə]
to disarm (vt)	çarmatos	[tʃarmatós]
to order (command)	urdhëroj	[urðərój]
to disappear (vi)	zhduk	[ʒduk]
law	ligj (m)	[liɟ]
legal, lawful (adj)	ligjor	[liɟór]
illegal, illicit (adj)	i paligjshëm	[i palíɟʃəm]
responsibility (blame)	përgjegjësi (f)	[pərɟɛɟəsí]
responsible (adj)	përgjegjës	[pərɟéɟəs]

NATURE

The Earth. Part 1

122. Outer space

space	hapësirë (f)	[hapəsírə]
space (as adj)	hapësinor	[hapəsinór]
outer space	kozmos (m)	[kozmós]
world	botë (f)	[bótə]
universe	univers	[univérs]
galaxy	galaksi (f)	[galaksí]
star	yll (m)	[yɫ]
constellation	yllësi (f)	[yɫəsí]
planet	planet (m)	[planét]
satellite	satelit (m)	[satɛlít]
meteorite	meteor (m)	[mɛtɛór]
comet	kometë (f)	[kométə]
asteroid	asteroid (m)	[astɛroíd]
orbit	orbitë (f)	[orbítə]
to revolve (~ around the Earth)	rrotullohet	[rotuɫóhɛt]
atmosphere	atmosferë (f)	[atmosférə]
the Sun	Dielli (m)	[diéɫi]
solar system	sistemi diellor (m)	[sistémi diɛɫór]
solar eclipse	eklips diellor (m)	[ɛklíps diɛɫór]
the Earth	Toka (f)	[tóka]
the Moon	Hëna (f)	[hə́na]
Mars	Marsi (m)	[mársi]
Venus	Venera (f)	[vɛnérə]
Jupiter	Jupiteri (m)	[jupitéri]
Saturn	Saturni (m)	[satúrni]
Mercury	Merkuri (m)	[mɛrkúri]
Uranus	Urani (m)	[uráni]
Neptune	Neptuni (m)	[nɛptúni]
Pluto	Pluto (f)	[plúto]
Milky Way	Rruga e Qumështit (f)	[rúga ɛ cúməʃtit]

| Great Bear (Ursa Major) | Arusha e Madhe (f) | [arúʃa ɛ máðɛ] |
| North Star | ylli i Veriut (m) | [ýɬi i vériut] |

Martian	Marsian (m)	[marsián]
extraterrestrial (n)	jashtëtokësor (m)	[jaʃtətokəsór]
alien	alien (m)	[alién]
flying saucer	disk fluturues (m)	[dísk fluturúɛs]

spaceship	anije kozmike (f)	[aníjɛ kozmíkɛ]
space station	stacion kozmik (m)	[statsión kozmík]
blast-off	ngritje (f)	[ŋrítjɛ]

engine	motor (m)	[motór]
nozzle	dizë (f)	[dízə]
fuel	karburant (m)	[karburánt]

cockpit, flight deck	kabinë pilotimi (f)	[kabínə pilotími]
antenna	antenë (f)	[anténə]
porthole	dritare anësore (f)	[dritárɛ anəsórɛ]
solar panel	panel solar (m)	[panél solár]
spacesuit	veshje astronauti (f)	[véʃjɛ astronáuti]

| weightlessness | mungesë graviteti (f) | [muŋésə gravitéti] |
| oxygen | oksigjen (m) | [oksiɟén] |

| docking (in space) | ndërlidhje në hapësirë (f) | [ndərlíðjɛ nə hapəsírə] |
| to dock (vi, vt) | stacionohem | [statsionóhɛm] |

observatory	observator (m)	[obsɛrvatór]
telescope	teleskop (m)	[tɛlɛskóp]
to observe (vt)	vëzhgoj	[vəʒgój]
to explore (vt)	eksploroj	[ɛksplorój]

123. The Earth

the Earth	Toka (f)	[tóka]
the globe (the Earth)	globi (f)	[glóbi]
planet	planet (m)	[planét]

atmosphere	atmosferë (f)	[atmosférə]
geography	gjeografi (f)	[ɟɛografí]
nature	natyrë (f)	[natýrə]

globe (table ~)	glob (m)	[glob]
map	hartë (f)	[hártə]
atlas	atlas (m)	[atlás]

Europe	Evropa (f)	[ɛvrópa]
Asia	Azia (f)	[azía]
Africa	Afrika (f)	[afríka]

Australia	Australia (f)	[australía]
America	Amerika (f)	[amɛríka]
North America	Amerika Veriore (f)	[amɛríka vɛriórɛ]
South America	Amerika Jugore (f)	[amɛríka jugórɛ]
Antarctica	Antarktika (f)	[antarktíka]
the Arctic	Arktiku (m)	[arktíku]

124. Cardinal directions

north	veri (m)	[vɛrí]
to the north	drejt veriut	[dréjt vériut]
in the north	në veri	[nə vɛrí]
northern (adj)	verior	[vɛriór]
south	jug (m)	[jug]
to the south	drejt jugut	[dréjt júgut]
in the south	në jug	[nə jug]
southern (adj)	jugor	[jugór]
west	perëndim (m)	[pɛrəndím]
to the west	drejt perëndimit	[dréjt pɛrəndímit]
in the west	në perëndim	[nə pɛrəndím]
western (adj)	perëndimor	[pɛrəndimór]
east	lindje (f)	[líndjɛ]
to the east	drejt lindjes	[dréjt líndjɛs]
in the east	në lindje	[nə líndjɛ]
eastern (adj)	lindor	[lindór]

125. Sea. Ocean

sea	det (m)	[dét]
ocean	oqean (m)	[ocɛán]
gulf (bay)	gji (m)	[ɟi]
straits	ngushticë (f)	[ŋuʃtítsə]
land (solid ground)	tokë (f)	[tókə]
continent (mainland)	kontinent (m)	[kontinént]
island	ishull (m)	[íʃuɫ]
peninsula	gadishull (m)	[gadíʃuɫ]
archipelago	arkipelag (m)	[arkipɛlág]
bay, cove	gji (m)	[ɟi]
harbor	port (m)	[port]
lagoon	lagunë (f)	[lagúnə]
cape	kep (m)	[kɛp]

atoll	**atol** (m)	[atól]
reef	**shkëmb nënujor** (m)	[ʃkəmb nənujór]
coral	**koral** (m)	[korál]
coral reef	**korale nënujorë** (f)	[korálɛ nənujórə]

deep (adj)	**i thellë**	[i θétə]
depth (deep water)	**thellësi** (f)	[θɛtəsí]
abyss	**humnerë** (f)	[humnérə]
trench (e.g., Mariana ~)	**hendek** (m)	[hɛndék]
current (Ocean ~)	**rrymë** (f)	[rýmə]
to surround (bathe)	**rrethohet**	[rɛθóhɛt]

shore	**breg** (m)	[brɛg]
coast	**bregdet** (m)	[brɛgdét]

flow (flood tide)	**batica** (f)	[batítsa]
ebb (ebb tide)	**zbaticë** (f)	[zbatítsə]
shoal	**cekëtinë** (f)	[tsɛkətínə]
bottom (~ of the sea)	**fund i detit** (m)	[fúnd i détit]

wave	**dallgë** (f)	[dátgə]
crest (~ of a wave)	**kreshtë** (f)	[kréʃtə]
spume (sea foam)	**shkumë** (f)	[ʃkúmə]
storm (sea storm)	**stuhi** (f)	[stuhí]
hurricane	**uragan** (m)	[uragán]
tsunami	**cunam** (m)	[tsunám]
calm (dead ~)	**qetësi** (f)	[cɛtəsí]
quiet, calm (adj)	**i qetë**	[i cétə]

pole	**pol** (m)	[pol]
polar (adj)	**polar**	[polár]

latitude	**gjerësi** (f)	[ɟɛrəsí]
longitude	**gjatësi** (f)	[ɟatəsí]
parallel	**paralele** (f)	[paralélɛ]
equator	**ekuator** (m)	[ɛkuatór]

sky	**qiell** (m)	[cíɛt]
horizon	**horizont** (m)	[horizónt]
air	**ajër** (m)	[ájər]

lighthouse	**fanar** (m)	[fanár]
to dive (vi)	**zhytem**	[ʒýtɛm]
to sink (ab. boat)	**fundosje**	[fundósjɛ]
treasures	**thesare** (pl)	[θɛsárɛ]

126. Seas' and Oceans' names

Atlantic Ocean	**Oqeani Atlantik** (m)	[ocɛáni atlantík]
Indian Ocean	**Oqeani Indian** (m)	[ocɛáni indián]

Pacific Ocean	Oqeani Paqësor (m)	[ocɛáni pacəsór]
Arctic Ocean	Oqeani Arktik (m)	[ocɛáni arktík]
Black Sea	Deti i Zi (m)	[déti i zí]
Red Sea	Deti i Kuq (m)	[déti i kúc]
Yellow Sea	Deti i Verdhë (m)	[déti i vérðə]
White Sea	Deti i Bardhë (m)	[déti i bárðə]
Caspian Sea	Deti Kaspik (m)	[déti kaspík]
Dead Sea	Deti i Vdekur (m)	[déti i vdékur]
Mediterranean Sea	Deti Mesdhe (m)	[déti mɛsðé]
Aegean Sea	Deti Egje (m)	[déti ɛɟé]
Adriatic Sea	Deti Adriatik (m)	[déti adriatík]
Arabian Sea	Deti Arab (m)	[déti aráb]
Sea of Japan	Deti i Japonisë (m)	[déti i japonísə]
Bering Sea	Deti Bering (m)	[déti bériŋ]
South China Sea	Deti i Kinës Jugore (m)	[déti i kínəs jugórɛ]
Coral Sea	Deti Koral (m)	[déti korál]
Tasman Sea	Deti Tasman (m)	[déti tasmán]
Caribbean Sea	Deti i Karaibeve (m)	[déti i karaíbɛvɛ]
Barents Sea	Deti Barents (m)	[déti barénts]
Kara Sea	Deti Kara (m)	[déti kára]
North Sea	Deti i Veriut (m)	[déti i vériut]
Baltic Sea	Deti Baltik (m)	[déti baltík]
Norwegian Sea	Deti Norvegjez (m)	[déti norvɛɟéz]

127. Mountains

mountain	mal (m)	[mal]
mountain range	vargmal (m)	[vargmál]
mountain ridge	kresht malor (m)	[kréʃt malór]
summit, top	majë (f)	[májə]
peak	maja më e lartë (f)	[mája mə ɛ lártə]
foot (~ of the mountain)	rrëza e malit (f)	[rəza ɛ málit]
slope (mountainside)	shpat (m)	[ʃpat]
volcano	vullkan (m)	[vuɫkán]
active volcano	vullkan aktiv (m)	[vuɫkán aktív]
dormant volcano	vullkan i fjetur (m)	[vuɫkán i fjétur]
eruption	shpërthim (m)	[ʃpərθím]
crater	krater (m)	[kratér]
magma	magmë (f)	[mágmə]
lava	llavë (f)	[ɫávə]

molten (~ lava)	i shkrirë	[i ʃkrírə]
canyon	kanion (m)	[kanión]
gorge	grykë (f)	[grýkə]
crevice	çarje (f)	[tʃárjɛ]
abyss (chasm)	humnerë (f)	[humnérə]

pass, col	kalim (m)	[kalím]
plateau	pllajë (f)	[pɫáje]
cliff	shkëmb (m)	[ʃkəmb]
hill	kodër (f)	[kódər]

glacier	akullnajë (f)	[akuɫnáje]
waterfall	ujëvarë (f)	[ujəvárə]
geyser	gejzer (m)	[gɛjzér]
lake	liqen (m)	[licén]

plain	fushë (f)	[fúʃə]
landscape	peizazh (m)	[pɛizáʒ]
echo	jehonë (f)	[jɛhónə]

alpinist	alpinist (m)	[alpiníst]
rock climber	alpinist shkëmbßinjsh (m)	[alpiníst ʃkəmbiɲʃ]
to conquer (in climbing)	pushtoj majën	[puʃtój májən]
climb (an easy ~)	ngjitje (f)	[ɲjítjɛ]

128. Mountains names

The Alps	Alpet (pl)	[alpét]
Mont Blanc	Montblanc (m)	[montblánk]
The Pyrenees	Pirenejet (pl)	[pirɛnéjɛt]

The Carpathians	Karpatet (m)	[karpátɛt]
The Ural Mountains	Malet Urale (pl)	[málɛt urálɛ]
The Caucasus Mountains	Malet Kaukaze (pl)	[málɛt kaukázɛ]
Mount Elbrus	Mali Elbrus (m)	[máli ɛlbrús]

The Altai Mountains	Malet Altai (pl)	[málɛt altái]
The Tian Shan	Tian Shani (m)	[tían ʃáni]
The Pamir Mountains	Malet e Pamirit (m)	[málɛt ɛ pamírit]
The Himalayas	Himalajet (pl)	[himalájɛt]
Mount Everest	Mali Everest (m)	[máli ɛvɛrést]
The Andes	andet (pl)	[ándɛt]
Mount Kilimanjaro	Mali Kilimanxharo (m)	[máli kilimandʒáro]

129. Rivers

| river | lum (m) | [lum] |
| spring (natural source) | burim (m) | [burím] |

English	Albanian	Pronunciation
riverbed (river channel)	shtrat lumi (m)	[ʃtrat lúmi]
basin (river valley)	basen (m)	[basén]
to flow into ...	rrjedh ...	[rjéð ...]
tributary	derdhje (f)	[dérðjɛ]
bank (of river)	breg (m)	[brɛg]
current (stream)	rrymë (f)	[rýmə]
downstream (adv)	rrjedhje e poshtme	[rjéðjɛ ɛ póʃtmɛ]
upstream (adv)	rrjedhje e sipërme	[rjéðjɛ ɛ sípərmɛ]
inundation	vërshim (m)	[vərʃím]
flooding	përmbytje (f)	[pərmbýtjɛ]
to overflow (vi)	vërshon	[vərʃón]
to flood (vt)	përmbytet	[pərmbýtɛt]
shallow (shoal)	cekëtinë (f)	[tsɛkətínə]
rapids	rrjedhë (f)	[rjéðə]
dam	digë (f)	[dígə]
canal	kanal (m)	[kanál]
reservoir (artificial lake)	rezervuar (m)	[rɛzɛrvuár]
sluice, lock	pendë ujore (f)	[péndə ujórɛ]
water body (pond, etc.)	plan hidrik (m)	[plan hidrík]
swamp (marshland)	kënetë (f)	[kənétə]
bog, marsh	moçal (m)	[motʃál]
whirlpool	vorbull (f)	[vórbuɫ]
stream (brook)	përrua (f)	[pərúa]
drinking (ab. water)	i pijshëm	[i píjʃəm]
fresh (~ water)	i freskët	[i fréskət]
ice	akull (m)	[ákuɫ]
to freeze over (ab. river, etc.)	ngrihet	[ŋríhɛt]

130. Rivers' names

English	Albanian	Pronunciation
Seine	Sena (f)	[séna]
Loire	Loire (f)	[luar]
Thames	Temza (f)	[témza]
Rhine	Rajnë (m)	[rájnə]
Danube	Danubi (m)	[danúbi]
Volga	Volga (f)	[vólga]
Don	Doni (m)	[dóni]
Lena	Lona (f)	[léna]
Yellow River	Lumi i Verdhë (m)	[lúmi i vérðə]

Yangtze	Jangce (f)	[jaŋtsé]
Mekong	Mekong (m)	[mɛkóŋ]
Ganges	Gang (m)	[gaŋ]

Nile River	Lumi Nil (m)	[lúmi nil]
Congo River	Lumi Kongo (m)	[lúmi kóŋo]
Okavango River	Lumi Okavango (m)	[lúmi okaváŋo]
Zambezi River	Lumi Zambezi (m)	[lúmi zambézi]
Limpopo River	Lumi Limpopo (m)	[lúmi limpópo]
Mississippi River	Lumi Misisipi (m)	[lúmi misisípi]

131. Forest

| forest, wood | pyll (m) | [pyɫ] |
| forest (as adj) | pyjor | [pyjór] |

thick forest	pyll i ngjeshur (m)	[pyɫ i ɲɟéʃur]
grove	zabel (m)	[zabél]
forest clearing	lëndinë (f)	[ləndínə]

| thicket | pyllëz (m) | [pýɫəz] |
| scrubland | shkurre (f) | [ʃkúrɛ] |

| footpath (troddenpath) | shteg (m) | [ʃtɛg] |
| gully | hon (m) | [hon] |

tree	pemë (f)	[pémə]
leaf	gjeth (m)	[ɟɛθ]
leaves (foliage)	gjethe (pl)	[ɟéθɛ]

fall of leaves	rënie e gjetheve (f)	[rəníɛ ɛ ɟéθɛvɛ]
to fall (ab. leaves)	bien	[bíɛn]
top (of the tree)	maje (f)	[májɛ]

branch	degë (f)	[dégə]
bough	degë (f)	[dégə]
bud (on shrub, tree)	syth (m)	[syθ]
needle (of pine tree)	shtiza pishe (f)	[ʃtíza píʃɛ]
pine cone	lule pishe (f)	[lúlɛ píʃɛ]

tree hollow	zgavër (f)	[zgávər]
nest	fole (f)	[folé]
burrow (animal hole)	strofull (f)	[strófuɫ]

trunk	trung (m)	[truŋ]
root	rrënjë (f)	[réɲə]
bark	lëvore (f)	[ləvórɛ]
moss	myshk (m)	[myʃk]
to uproot (remove trees or tree stumps)	shkul	[ʃkul]

to chop down	pres	[prɛs]
to deforest (vt)	shpyllëzoj	[ʃpyɫɛzój]
tree stump	cung (m)	[tsúŋ]

campfire	zjarr kampingu (m)	[zjar kampíŋu]
forest fire	zjarr në pyll (m)	[zjar nə pyɫ]
to extinguish (vt)	shuaj	[ʃúaj]

forest ranger	roje pyjore (f)	[rójɛ pyjórɛ]
protection	mbrojtje (f)	[mbrójtjɛ]
to protect (~ nature)	mbroj	[mbrój]
poacher	gjahtar i jashtëligjshëm (m)	[ɟahtár i jaʃtəlíɟʃəm]
steel trap	grackë (f)	[grátskə]

| to gather, to pick (vt) | mbledh | [mbléð] |
| to lose one's way | humb rrugën | [húmb rúgən] |

132. Natural resources

natural resources	burime natyrore (pl)	[burímɛ natyrórɛ]
minerals	minerale (pl)	[minɛrálɛ]
deposits	depozita (pl)	[dɛpozíta]
field (e.g., oilfield)	fushë (f)	[fúʃə]

to mine (extract)	nxjerr	[ndzjér]
mining (extraction)	nxjerrje mineralesh (f)	[ndzjérjɛ minɛrálɛʃ]
ore	xehe (f)	[dzéhɛ]
mine (e.g., for coal)	minierë (f)	[miniérə]
shaft (mine ~)	nivel (m)	[nivél]
miner	minator (m)	[minatór]

| gas (natural ~) | gaz (m) | [gaz] |
| gas pipeline | gazsjellës (m) | [gazsjéɫəs] |

oil (petroleum)	naftë (f)	[náftə]
oil pipeline	naftësjellës (f)	[naftəsjéɫəs]
oil well	pus nafte (m)	[pus náftɛ]
derrick (tower)	burim nafte (m)	[burím náftɛ]
tanker	anije-cisternë (f)	[aníjɛ-tsistérnə]

sand	rërë (f)	[rə́rə]
limestone	gur gëlqeror (m)	[gur gəlcɛrór]
gravel	zhavorr (m)	[ʒavór]
peat	torfë (f)	[tórfə]
clay	argjilë (f)	[arɟílə]
coal	qymyr (m)	[cymýr]

| iron (ore) | hekur (m) | [hékur] |
| gold | ar (m) | [ár] |

silver	**argjend** (m)	[aɲénd]
nickel	**nikel** (m)	[nikél]
copper	**bakër** (m)	[bákər]

zinc	**zink** (m)	[zink]
manganese	**mangan** (m)	[maŋán]
mercury	**merkur** (m)	[mɛrkúr]
lead	**plumb** (m)	[plúmb]

mineral	**mineral** (m)	[minɛrál]
crystal	**kristal** (m)	[kristál]
marble	**mermer** (m)	[mɛrmér]
uranium	**uranium** (m)	[uraniúm]

The Earth. Part 2

133. Weather

weather	moti (m)	[móti]
weather forecast	parashikimi i motit (m)	[paraʃikími i mótit]
temperature	temperaturë (f)	[tɛmpɛratúrə]
thermometer	termometër (m)	[tɛrmométər]
barometer	barometër (m)	[barométər]
humid (adj)	i lagësht	[i lágəʃt]
humidity	lagështi (f)	[lagəʃtí]
heat (extreme ~)	vapë (f)	[vápə]
hot (torrid)	shumë nxehtë	[ʃúmə ndzéhtə]
it's hot	është nxehtë	[əʃtə ndzéhtə]
it's warm	është ngrohtë	[əʃtə ŋróhtə]
warm (moderately hot)	ngrohtë	[ŋróhtə]
it's cold	bën ftohtë	[bən ftóhtə]
cold (adj)	i ftohtë	[i ftóhtə]
sun	diell (m)	[díɛɫ]
to shine (vi)	ndriçon	[ndritʃón]
sunny (day)	me diell	[mɛ díɛɫ]
to come up (vi)	agon	[agón]
to set (vi)	perëndon	[pɛrəndón]
cloud	re (f)	[rɛ]
cloudy (adj)	vranët	[vránət]
rain cloud	re shiu (f)	[rɛ ʃíu]
somber (gloomy)	vranët	[vránət]
rain	shi (m)	[ʃi]
it's raining	bie shi	[bíɛ ʃi]
rainy (~ day, weather)	me shi	[mɛ ʃi]
to drizzle (vi)	shi i imët	[ʃi i ímət]
pouring rain	shi litar (m)	[ʃi litár]
downpour	stuhi shiu (f)	[stuhí ʃíu]
heavy (e.g., ~ rain)	i fortë	[i fórtə]
puddle	brakë (f)	[brákə]
to get wet (in rain)	lagem	[lágɛm]
fog (mist)	mjegull (f)	[mjéguɫ]
foggy	e mjegullt	[ɛ mjéguɫt]

| snow | borë (f) | [bórə] |
| it's snowing | bie borë | [bíɛ bórə] |

134. Severe weather. Natural disasters

thunderstorm	stuhi (f)	[stuhí]
lightning (~ strike)	vetëtimë (f)	[vɛtətímə]
to flash (vi)	vetëton	[vɛtətón]

thunder	bubullimë (f)	[bubuɫímə]
to thunder (vi)	bubullon	[bubuɫón]
it's thundering	bubullon	[bubuɫón]

| hail | breshër (m) | [bréʃər] |
| it's hailing | po bie breshër | [po biɛ bréʃər] |

| to flood (vt) | përmbytet | [pərmbýtɛt] |
| flood, inundation | përmbytje (f) | [pərmbýtjɛ] |

earthquake	tërmet (m)	[tərmét]
tremor, shoke	lëkundje (f)	[ləkúndjɛ]
epicenter	epiqendër (f)	[ɛpicéndər]

| eruption | shpërthim (m) | [ʃpərθím] |
| lava | llavë (f) | [ɫávə] |

twister	vorbull (f)	[vórbuɫ]
tornado	tornado (f)	[tornádo]
typhoon	tajfun (m)	[tajfún]

hurricane	uragan (m)	[uragán]
storm	stuhi (f)	[stuhí]
tsunami	cunam (m)	[tsunám]

cyclone	ciklon (m)	[tsiklón]
bad weather	mot i keq (m)	[mot i kɛc]
fire (accident)	zjarr (m)	[zjar]
disaster	fatkeqësi (f)	[fatkɛcəsí]
meteorite	meteor (m)	[mɛtɛór]

avalanche	ortek (m)	[orték]
snowslide	rrëshqitje bore (f)	[rəʃcítjɛ bórɛ]
blizzard	stuhi bore (f)	[stuhí bórɛ]
snowstorm	stuhi bore (f)	[stuhí bórɛ]

Fauna

135. Mammals. Predators

predator	**grabitqar** (m)	[grabitcár]
tiger	**tigër** (m)	[tígər]
lion	**luan** (m)	[luán]
wolf	**ujk** (m)	[ujk]
fox	**dhelpër** (f)	[ðélpər]

jaguar	**jaguar** (m)	[jaguár]
leopard	**leopard** (m)	[lɛopárd]
cheetah	**gepard** (m)	[gɛpárd]

black panther	**panterë e zezë** (f)	[pantérə ɛ zézə]
puma	**puma** (f)	[púma]
snow leopard	**leopard i borës** (m)	[lɛopárd i bórəs]
lynx	**rrëqebull** (m)	[rəcébuɫ]

coyote	**kojotë** (f)	[kojótə]
jackal	**çakall** (m)	[tʃakáɫ]
hyena	**hienë** (f)	[hiénə]

136. Wild animals

animal	**kafshë** (f)	[káfʃə]
beast (animal)	**bishë** (f)	[bíʃə]

squirrel	**ketër** (m)	[kétər]
hedgehog	**iriq** (m)	[iríc]
hare	**lepur i egër** (m)	[lépur i égər]
rabbit	**lepur** (m)	[lépur]

badger	**vjedull** (f)	[vjéduɫ]
raccoon	**rakun** (m)	[rakún]
hamster	**hamster** (m)	[hamstér]
marmot	**marmot** (m)	[marmót]

mole	**urith** (m)	[uríθ]
mouse	**mi** (m)	[mi]
rat	**mi** (m)	[mi]
bat	**lakuriq** (m)	[lakuríc]
ermine	**herminë** (f)	[hɛrmínə]
sable	**kunadhe** (f)	[kunáðɛ]

marten	shqarth (m)	[ʃcarθ]
weasel	nuselalë (f)	[nusɛlálə]
mink	vizon (m)	[vizón]

beaver	kastor (m)	[kastór]
otter	vidër (f)	[vídər]

horse	kali (m)	[káli]
moose	dre brilopatë (m)	[drɛ brilopátə]
deer	dre (f)	[drɛ]
camel	deve (f)	[dévɛ]

bison	bizon (m)	[bizón]
wisent	bizon evropian (m)	[bizón ɛvropián]
buffalo	buall (m)	[búaɫ]

zebra	zebër (f)	[zébər]
antelope	antilopë (f)	[antilópə]
roe deer	dre (f)	[drɛ]
fallow deer	dre ugar (m)	[drɛ ugár]
chamois	kamosh (m)	[kamóʃ]
wild boar	derr i egër (m)	[dér i égər]

whale	balenë (f)	[balénə]
seal	fokë (f)	[fókə]
walrus	lopë deti (f)	[lópə déti]
fur seal	fokë (f)	[fókə]
dolphin	delfin (m)	[dɛlfín]

bear	ari (m)	[arí]
polar bear	ari polar (m)	[arí polár]
panda	panda (f)	[pánda]

monkey	majmun (m)	[majmún]
chimpanzee	shimpanze (f)	[ʃimpánzɛ]
orangutan	orangutan (m)	[oraɲután]
gorilla	gorillë (f)	[gorítə]
macaque	majmun makao (m)	[majmún makáo]
gibbon	gibon (m)	[gibón]

elephant	elefant (m)	[ɛlɛfánt]
rhinoceros	rinoqeront (m)	[rinocɛrónt]
giraffe	gjirafë (f)	[ɟiráfə]
hippopotamus	hipopotam (m)	[hipopotám]

kangaroo	kangur (m)	[kaɲúr]
koala (bear)	koala (f)	[koála]

mongoose	mangustë (f)	[maɲústə]
chinchilla	çinçila (f)	[tʃintʃíla]
skunk	qelbës (m)	[célbəs]
porcupine	ferrëgjatë (m)	[fɛrəɟátə]

137. Domestic animals

English	Albanian	Pronunciation
cat	mace (f)	[mátsɛ]
tomcat	maçok (m)	[matʃók]
dog	qen (m)	[cɛn]
horse	kali (m)	[káli]
stallion (male horse)	hamshor (m)	[hamʃór]
mare	pelë (f)	[pélə]
cow	lopë (f)	[lópə]
bull	dem (m)	[dém]
ox	ka (m)	[ka]
sheep (ewe)	dele (f)	[délɛ]
ram	dash (m)	[daʃ]
goat	dhi (f)	[ði]
billy goat, he-goat	cjap (m)	[tsjáp]
donkey	gomar (m)	[gomár]
mule	mushkë (f)	[múʃkə]
pig, hog	derr (m)	[dɛr]
piglet	derrkuc (m)	[dɛrkúts]
rabbit	lepur (m)	[lépur]
hen (chicken)	pulë (f)	[púlə]
rooster	gjel (m)	[ɟél]
duck	rosë (f)	[rósə]
drake	rosak (m)	[rosák]
goose	patë (f)	[pátə]
tom turkey, gobbler	gjel deti i egër (m)	[ɟél déti i égər]
turkey (hen)	gjel deti (m)	[ɟél déti]
domestic animals	kafshë shtëpiake (f)	[káfʃə ʃtəpiákɛ]
tame (e.g., ~ hamster)	i zbutur	[i zbútur]
to tame (vt)	zbus	[zbus]
to breed (vt)	rrit	[rit]
farm	fermë (f)	[férmə]
poultry	pulari (f)	[pularí]
cattle	bagëti (f)	[bagətí]
herd (cattle)	kope (f)	[kopé]
stable	stallë (f)	[stáłə]
pigpen	stallë e derrave (f)	[stáłə ɛ déravɛ]
cowshed	stallë e lopëve (f)	[stáłə ɛ lópəvɛ]
rabbit hutch	kolibe lepujsh (f)	[kolíbɛ lépujʃ]
hen house	kotec (m)	[kotéts]

138. Birds

bird	zog (m)	[zog]
pigeon	pëllumb (m)	[pəɫúmb]
sparrow	harabel (m)	[harabél]
tit (great tit)	xhixhimës (m)	[dʒidʒimés]
magpie	laraskë (f)	[laráskə]
raven	korb (m)	[korb]
crow	sorrë (f)	[sórə]
jackdaw	galë (f)	[gálə]
rook	sorrë (f)	[sórə]
duck	rosë (f)	[rósə]
goose	patë (f)	[pátə]
pheasant	fazan (m)	[fazán]
eagle	shqiponjë (f)	[ʃcipóɲə]
hawk	gjeraqinë (f)	[ɟɛracínə]
falcon	fajkua (f)	[fajkúa]
vulture	hutë (f)	[hútə]
condor (Andean ~)	kondor (m)	[kondór]
swan	mjellmë (f)	[mjéɫmə]
crane	lejlek (m)	[lɛjlék]
stork	lejlek (m)	[lɛjlék]
parrot	papagall (m)	[papagáɫ]
hummingbird	kolibri (m)	[kolíbri]
peacock	pallua (m)	[paɫúa]
ostrich	struc (m)	[struts]
heron	çafkë (f)	[tʃáfkə]
flamingo	flamingo (m)	[flamíɲo]
pelican	pelikan (m)	[pɛlikán]
nightingale	bilbil (m)	[bilbíl]
swallow	dallëndyshe (f)	[daɫəndýʃɛ]
thrush	mëllenjë (f)	[məɫéɲə]
song thrush	grifsha (f)	[gríʃʃa]
blackbird	mëllenjë (f)	[məɫéɲə]
swift	dallëndyshe (f)	[daɫəndýʃɛ]
lark	thëllëzë (f)	[θəɫézə]
quail	trumcak (m)	[trumtsák]
woodpecker	qukapik (m)	[cukapík]
cuckoo	kukuvajkë (f)	[kukuvájkə]
owl	buf (m)	[buf]
eagle owl	buf mbretëror (m)	[buf mbrɛtərór]

wood grouse	fazan i pyllit (m)	[fazán i pýɫit]
black grouse	fazan i zi (m)	[fazán i zí]
partridge	thëllëzë (f)	[θəɫézə]

starling	gargull (m)	[gárguɫ]
canary	kanarinë (f)	[kanarínə]
hazel grouse	fazan mali (m)	[fazán máli]
chaffinch	trishtil (m)	[triʃtíl]
bullfinch	trishtil dimri (m)	[triʃtíl dímri]

seagull	pulëbardhë (f)	[puləbárðə]
albatross	albatros (m)	[albatrós]
penguin	penguin (m)	[pɛŋuín]

139. Fish. Marine animals

bream	krapuliq (m)	[krapulíc]
carp	krap (m)	[krap]
perch	perç (m)	[pɛrtʃ]
catfish	mustak (m)	[musták]
pike	mlysh (m)	[mlýʃ]

| salmon | salmon (m) | [salmón] |
| sturgeon | bli (m) | [blí] |

herring	harengë (f)	[haréŋə]
Atlantic salmon	salmon Atlantiku (m)	[salmón atlantíku]
mackerel	skumbri (m)	[skúmbri]
flatfish	shojzë (f)	[ʃójzə]

zander, pike perch	troftë (f)	[trófta]
cod	merluc (m)	[mɛrlúts]
tuna	tunë (f)	[túnə]
trout	troftë (f)	[trófta]

eel	ngjalë (f)	[ɲɟálə]
electric ray	peshk elektrik (m)	[pɛʃk ɛlɛktrík]
moray eel	ngjalë morel (f)	[ɲɟálə morél]
piranha	piranja (f)	[piráɲa]

shark	peshkaqen (m)	[pɛʃkacén]
dolphin	deltin (m)	[dɛlfín]
whale	balenë (f)	[balénə]

crab	gaforre (f)	[gafórɛ]
jellyfish	kandil deti (m)	[kandíl déti]
octopus	oktapod (m)	[oktapód]

| starfish | yll deti (m) | [yɫ déti] |
| sea urchin | iriq deti (m) | [iríc déti] |

seahorse	kalë deti (m)	[kálə déti]
oyster	midhje (f)	[míðjɛ]
shrimp	karkalec (m)	[karkaléts]
lobster	karavidhe (f)	[karavíðɛ]
spiny lobster	karavidhe (f)	[karavíðɛ]

140. Amphibians. Reptiles

| snake | gjarpër (m) | [ɟárpər] |
| venomous (snake) | helmues | [hɛlmúɛs] |

viper	nepërka (f)	[nɛpérka]
cobra	kobra (f)	[kóbra]
python	piton (m)	[pitón]
boa	boa (f)	[bóa]

grass snake	kular (m)	[kulár]
rattle snake	gjarpër me zile (m)	[ɟárpər mɛ zílɛ]
anaconda	anakonda (f)	[anakónda]

lizard	hardhucë (f)	[harðútsə]
iguana	iguana (f)	[iguána]
monitor lizard	varan (m)	[varán]
salamander	salamandër (f)	[salamándər]
chameleon	kameleon (m)	[kamɛlɛón]
scorpion	akrep (m)	[akrép]

turtle	breshkë (f)	[bréʃkə]
frog	bretkosë (f)	[brɛtkósə]
toad	zhabë (f)	[ʒábə]
crocodile	krokodil (m)	[krokodíl]

141. Insects

insect, bug	insekt (m)	[insékt]
butterfly	flutur (f)	[flútur]
ant	milingonë (f)	[miliɲónə]
fly	mizë (f)	[mízə]
mosquito	mushkonjë (f)	[muʃkóɲə]
beetle	brumbull (m)	[brúmbuɫ]

wasp	grerëz (f)	[grérəz]
bee	bletë (f)	[blétə]
bumblebee	greth (m)	[grɛθ]
gadfly (botfly)	zekth (m)	[zɛkθ]

| spider | merimangë (f) | [mɛrimáŋə] |
| spiderweb | rrjetë merimange (f) | [rjétə mɛrimáŋɛ] |

dragonfly	**pilivesë** (f)	[pilivésə]
grasshopper	**karkalec** (m)	[karkaléts]
moth (night butterfly)	**molë** (f)	[mólə]
cockroach	**kacabu** (f)	[katsabú]
tick	**rriqër** (m)	[rícər]
flea	**plesht** (m)	[plɛʃt]
midge	**mushicë** (f)	[muʃítsə]
locust	**gjinkallë** (f)	[ɟinkátə]
snail	**kërmill** (m)	[kərmítɬ]
cricket	**bulkth** (m)	[búlkθ]
lightning bug	**xixëllonjë** (f)	[dzidzətóɲə]
ladybug	**mollëkuqe** (f)	[motəkúcɛ]
cockchafer	**vizhë** (f)	[víʒə]
leech	**shushunjë** (f)	[ʃuʃúɲə]
caterpillar	**vemje** (f)	[vémjɛ]
earthworm	**krimb toke** (m)	[krímb tókɛ]
larva	**larvë** (f)	[lárvə]

Flora

142. Trees

tree	pemë (f)	[pémə]
deciduous (adj)	gjethor	[ɟɛθór]
coniferous (adj)	halor	[halór]
evergreen (adj)	përherë të gjelbra	[pərhérə tə ɟélbra]

apple tree	pemë molle (f)	[pémə mótɫɛ]
pear tree	pemë dardhe (f)	[pémə dárðɛ]
sweet cherry tree	pemë qershie (f)	[pémə cɛrʃíɛ]
sour cherry tree	pemë qershi vishnje (f)	[pémə cɛrʃí víʃɲɛ]
plum tree	pemë kumbulle (f)	[pémə kúmbuɫɛ]

birch	mështekna (f)	[məʃtékna]
oak	lis (m)	[lis]
linden tree	bli (m)	[blí]
aspen	plep i egër (m)	[plɛp i égər]
maple	panjë (f)	[páɲə]

spruce	bredh (m)	[brɛð]
pine	pishë (f)	[píʃə]
larch	larsh (m)	[lárʃ]
fir tree	bredh i bardhë (m)	[brɛð i bárðə]
cedar	kedër (m)	[kédər]

poplar	plep (m)	[plɛp]
rowan	vadhë (f)	[váðə]
willow	shelg (m)	[ʃɛlg]
alder	verr (m)	[vɛr]

beech	ah (m)	[ah]
elm	elm (m)	[élm]

ash (tree)	shelg (m)	[ʃɛlg]
chestnut	gështenjë (f)	[gəʃtéɲə]

magnolia	manjolia (f)	[maɲólia]
palm tree	palma (f)	[pálma]
cypress	qiparis (m)	[ciparís]

mangrove	rizoforë (f)	[rizofórə]
baobab	baobab (m)	[baobáb]
eucalyptus	eukalipt (m)	[ɛukalípt]
sequoia	sekuojë (f)	[sɛkuójə]

143. Shrubs

bush	shkurre (f)	[ʃkúrɛ]
shrub	kaçube (f)	[katʃúbɛ]
grapevine	hardhi (f)	[harðí]
vineyard	vreshtë (f)	[vréʃtə]
raspberry bush	mjedër (f)	[mjédər]
blackcurrant bush	kaliboba e zezë (f)	[kalibóba ɛ zézə]
redcurrant bush	kaliboba e kuqe (f)	[kalibóba ɛ kúcɛ]
gooseberry bush	shkurre kulumbrie (f)	[ʃkúrɛ kulumbríɛ]
acacia	akacie (f)	[akátsiɛ]
barberry	krespinë (f)	[krɛspínə]
jasmine	jasemin (m)	[jasɛmín]
juniper	dëllinjë (f)	[dəlíɲə]
rosebush	trëndafil (m)	[trəndafíl]
dog rose	trëndafil i egër (m)	[trəndafíl i égər]

144. Fruits. Berries

fruit	frut (m)	[frut]
fruits	fruta (pl)	[frúta]
apple	mollë (f)	[móɫə]
pear	dardhë (f)	[dárðə]
plum	kumbull (f)	[kúmbuɫ]
strawberry (garden ~)	luleshtrydhe (f)	[lulɛʃtrýðɛ]
sour cherry	qershi vishnje (f)	[cɛrʃí víʃɲɛ]
sweet cherry	qershi (f)	[cɛrʃí]
grape	rrush (m)	[ruʃ]
raspberry	mjedër (f)	[mjédər]
blackcurrant	kaliboba e zezë (f)	[kalibóba ɛ zézə]
redcurrant	kaliboba e kuqe (f)	[kalibóba ɛ kúcɛ]
gooseberry	kulumbri (f)	[kulumbrí]
cranberry	boronica (f)	[boronítsa]
orange	portokall (m)	[portokáɫ]
mandarin	mandarinë (f)	[mandarínə]
pineapple	ananas (m)	[ananás]
banana	banane (f)	[banánɛ]
date	hurmë (f)	[húrmə]
lemon	limon (m)	[limón]
apricot	kajsi (f)	[kajsí]

peach	pjeshkë (f)	[pjéʃkə]
kiwi	kivi (m)	[kívi]
grapefruit	grejpfrut (m)	[grɛjpfrút]
berry	manë (f)	[mánə]
berries	mana (f)	[mána]
cowberry	boronicë mirtile (f)	[boronítsə mirtílɛ]
wild strawberry	luleshtrydhe e egër (f)	[lulɛʃtrýðɛ ɛ égər]
bilberry	boronicë (f)	[boronítsə]

145. Flowers. Plants

flower	lule (f)	[lúlɛ]
bouquet (of flowers)	buqetë (f)	[bucétə]
rose (flower)	trëndafil (m)	[trəndafíl]
tulip	tulipan (m)	[tulipán]
carnation	karafil (m)	[karafíl]
gladiolus	gladiolë (f)	[gladiólə]
cornflower	lule misri (f)	[lúlɛ mísri]
harebell	lule këmborë (f)	[lúlɛ kəmbórə]
dandelion	luleradhiqe (f)	[lulɛraðícɛ]
camomile	kamomil (m)	[kamomíl]
aloe	aloe (f)	[alóɛ]
cactus	kaktus (m)	[kaktús]
rubber plant, ficus	fikus (m)	[fíkus]
lily	zambak (m)	[zambák]
geranium	barbarozë (f)	[barbarózə]
hyacinth	zymbyl (m)	[zymbýl]
mimosa	mimoza (f)	[mimóza]
narcissus	narcis (m)	[nartsís]
nasturtium	lule këmbore (f)	[lúlɛ kəmbórɛ]
orchid	orkide (f)	[orkidé]
peony	bozhure (f)	[boʒúrɛ]
violet	vjollcë (f)	[vjóɫtsə]
pansy	lule vjollca (f)	[lúlɛ vjóɫtsa]
forget-me-not	mosmëharro (f)	[mosməharó]
daisy	margaritë (f)	[margarítə]
poppy	lulëkuqe (f)	[luləkúcɛ]
hemp	kërp (m)	[kérp]
mint	mendër (f)	[méndər]
lily of the valley	zambak i fushës (m)	[zambák i fúʃəs]
snowdrop	luleborë (f)	[lulɛbórə]

nettle	**hithra** (f)	[híθra]
sorrel	**lëpjeta** (f)	[ləpjéta]
water lily	**zambak uji** (m)	[zambák úji]
fern	**fier** (m)	[fíɛr]
lichen	**likene** (f)	[likénɛ]
conservatory (greenhouse)	**serrë** (f)	[sérə]
lawn	**lëndinë** (f)	[ləndínə]
flowerbed	**kënd lulishteje** (m)	[kənd lulíʃtɛjɛ]
plant	**bimë** (f)	[bímə]
grass	**bar** (m)	[bar]
blade of grass	**fije bari** (f)	[fíjɛ bári]
leaf	**gjeth** (m)	[ɟɛθ]
petal	**petale** (f)	[pɛtálɛ]
stem	**bisht** (m)	[biʃt]
tuber	**zhardhok** (m)	[ʒarðók]
young plant (shoot)	**filiz** (m)	[filíz]
thorn	**gjemb** (m)	[ɟémb]
to blossom (vi)	**lulëzoj**	[luləzój]
to fade, to wither	**vyshket**	[výʃkɛt]
smell (odor)	**aromë** (f)	[arómə]
to cut (flowers)	**pres lulet**	[prɛs lúlɛt]
to pick (a flower)	**mbledh lule**	[mbléð lúlɛ]

146. Cereals, grains

grain	**drithë** (m)	[dríθə]
cereal crops	**drithëra** (pl)	[dríθəra]
ear (of barley, etc.)	**kaush** (m)	[kaúʃ]
wheat	**grurë** (f)	[grúrə]
rye	**thekër** (f)	[θékər]
oats	**tërshërë** (f)	[tərʃérə]
millet	**mel** (m)	[mɛl]
barley	**elb** (m)	[ɛlb]
corn	**misër** (m)	[mísər]
rice	**oriz** (m)	[oríz]
buckwheat	**hikërr** (m)	[híkər]
pea plant	**bizele** (f)	[bizélɛ]
kidney bean	**groshë** (f)	[gróʃə]
soy	**sojë** (f)	[sójə]
lentil	**thjerrëz** (f)	[θjérəz]
beans (pulse crops)	**fasule** (f)	[fasúlɛ]

COUNTRIES. NATIONALITIES

147. Western Europe

| Europe | Evropa (f) | [ɛvrópa] |
| European Union | Bashkimi Evropian (m) | [baʃkími ɛvropián] |

Austria	Austri (f)	[austrí]
Great Britain	Britani e Madhe (f)	[brítani ɛ máðɛ]
England	Angli (f)	[aŋlí]
Belgium	Belgjikë (f)	[bɛʎíkə]
Germany	Gjermani (f)	[ɟɛrmaní]

Netherlands	Holandë (f)	[holándə]
Holland	Holandë (f)	[holándə]
Greece	Greqi (f)	[grɛcí]
Denmark	Danimarkë (f)	[danimárkə]
Ireland	Irlandë (f)	[irlándə]
Iceland	Islandë (f)	[islándə]

Spain	Spanjë (f)	[spáɲə]
Italy	Itali (f)	[italí]
Cyprus	Qipro (f)	[cípro]
Malta	Maltë (f)	[máltə]

Norway	Norvegji (f)	[norvɛɟí]
Portugal	Portugali (f)	[portugalí]
Finland	Finlandë (f)	[finlándə]
France	Francë (f)	[frántsə]

Sweden	Suedi (f)	[suɛdí]
Switzerland	Zvicër (f)	[zvítsər]
Scotland	Skoci (f)	[skotsí]

Vatican	Vatikan (m)	[vatikán]
Liechtenstein	Lichtenstein (m)	[litshtɛnstéin]
Luxembourg	Luksemburg (m)	[luksɛmbúrg]
Monaco	Monako (f)	[monáko]

148. Central and Eastern Europe

Albania	Shqipëri (f)	[ʃcipərí]
Bulgaria	Bullgari (f)	[buɫgarí]
Hungary	Hungari (f)	[huŋarí]

Latvia	**Letoni** (f)	[lɛtoní]
Lithuania	**Lituani** (f)	[lituaní]
Poland	**Poloni** (f)	[poloní]

Romania	**Rumani** (f)	[rumaní]
Serbia	**Serbi** (f)	[sɛrbí]
Slovakia	**Sllovaki** (f)	[słovakí]

Croatia	**Kroaci** (f)	[kroatsí]
Czech Republic	**Republika Çeke** (f)	[rɛpublíka tʃékɛ]
Estonia	**Estoni** (f)	[ɛstoní]

Bosnia and Herzegovina	**Bosnje Herzegovina** (f)	[bósɲɛ hɛrzɛgovína]
Macedonia (Republic of ~)	**Maqedonia** (f)	[macɛdonía]
Slovenia	**Sllovenia** (f)	[słovɛnía]
Montenegro	**Mali i Zi** (m)	[máli i zí]

149. Former USSR countries

| Azerbaijan | **Azerbajxhan** (m) | [azɛrbajdʒán] |
| Armenia | **Armeni** (f) | [armɛní] |

Belarus	**Bjellorusi** (f)	[bjɛłorusí]
Georgia	**Gjeorgji** (f)	[ɟeoɟí]
Kazakhstan	**Kazakistan** (m)	[kazakistán]
Kirghizia	**Kirgistan** (m)	[kirgistán]
Moldova, Moldavia	**Moldavi** (f)	[moldaví]

| Russia | **Rusi** (f) | [rusí] |
| Ukraine | **Ukrainë** (f) | [ukraínə] |

Tajikistan	**Taxhikistan** (m)	[tadʒikistán]
Turkmenistan	**Turkmenistan** (m)	[turkmɛnistán]
Uzbekistan	**Uzbekistan** (m)	[uzbɛkistán]

150. Asia

Asia	**Azia** (f)	[azía]
Vietnam	**Vietnam** (m)	[viɛtnám]
India	**Indi** (f)	[indí]
Israel	**Izrael** (m)	[izraél]

China	**Kinë** (f)	[kínə]
Lebanon	**Liban** (m)	[libán]
Mongolia	**Mongoli** (f)	[moŋolí]

| Malaysia | **Malajzi** (f) | [malajzí] |
| Pakistan | **Pakistan** (m) | [pakistán] |

Saudi Arabia	**Arabia Saudite** (f)	[arabía saudítɛ]
Thailand	**Tajlandë** (f)	[tajlándə]
Taiwan	**Tajvan** (m)	[tajván]
Turkey	**Turqi** (f)	[turcí]
Japan	**Japoni** (f)	[japoní]
Afghanistan	**Afganistan** (m)	[afganistán]
Bangladesh	**Bangladesh** (m)	[baŋladéʃ]
Indonesia	**Indonezi** (f)	[indonɛzí]
Jordan	**Jordani** (f)	[jordaní]
Iraq	**Irak** (m)	[irak]
Iran	**Iran** (m)	[irán]
Cambodia	**Kamboxhia** (f)	[kambódʒia]
Kuwait	**Kuvajt** (m)	[kuvájt]
Laos	**Laos** (m)	[láos]
Myanmar	**Mianmar** (m)	[mianmár]
Nepal	**Nepal** (m)	[nɛpál]
United Arab Emirates	**Emiratet e Bashkuara Arabe** (pl)	[ɛmirátɛt ɛ baʃkúara árábɛ]
Syria	**Siri** (f)	[sirí]
Palestine	**Palestinë** (f)	[palɛstínə]
South Korea	**Korea e Jugut** (f)	[koréa ɛ júgut]
North Korea	**Korea e Veriut** (f)	[koréa ɛ vériut]

151. North America

United States of America	**Shtetet e Bashkuara të Amerikës**	[ʃtétɛt ɛ baʃkúara tə amɛríkəs]
Canada	**Kanada** (f)	[kanadá]
Mexico	**Meksikë** (f)	[mɛksíkə]

152. Central and South America

Argentina	**Argjentinë** (f)	[arʝɛntínə]
Brazil	**Brazil** (m)	[brazíl]
Colombia	**Kolumbi** (f)	[kolumbí]
Cuba	**Kuba** (f)	[kúba]
Chile	**Kili** (m)	[kíli]
Bolivia	**Bolivi** (f)	[boliví]
Venezuela	**Venezuelë** (f)	[vɛnɛzuélə]
Paraguay	**Paraguai** (m)	[paraguái]
Peru	**Peru** (f)	[pɛrú]
Suriname	**Surinam** (m)	[surinám]
Uruguay	**Uruguai** (m)	[uruguái]

Ecuador	Ekuador (m)	[ɛkuadór]
The Bahamas	Bahamas (m)	[bahámas]
Haiti	Haiti (m)	[haíti]

Dominican Republic	Republika Dominikane (f)	[rɛpublíka dominikánɛ]
Panama	Panama (f)	[panamá]
Jamaica	Xhamajka (f)	[dʒamájka]

153. Africa

Egypt	Egjipt (m)	[ɛɟípt]
Morocco	Marok (m)	[marók]
Tunisia	Tunizi (f)	[tunizí]

Ghana	Gana (f)	[gána]
Zanzibar	Zanzibar (m)	[zanzibár]
Kenya	Kenia (f)	[kénia]
Libya	Libia (f)	[libía]
Madagascar	Madagaskar (m)	[madagaskár]

Namibia	Namibia (f)	[namíbia]
Senegal	Senegal (m)	[sɛnɛgál]
Tanzania	Tanzani (f)	[tanzaní]
South Africa	Afrika e Jugut (f)	[afríka ɛ júgut]

154. Australia. Oceania

| Australia | Australia (f) | [australía] |
| New Zealand | Zelandë e Re (f) | [zɛlándə ɛ ré] |

| Tasmania | Tasmani (f) | [tasmaní] |
| French Polynesia | Polinezia Franceze (f) | [polinɛzía frantsézɛ] |

155. Cities

Amsterdam	Amsterdam (m)	[amstɛrdám]
Ankara	Ankara (f)	[ankará]
Athens	Athinë (f)	[aθínə]
Baghdad	Bagdad (m)	[bagdád]
Bangkok	Bangkok (m)	[baŋkók]

Barcelona	Barcelonë (f)	[bartsɛlónə]
Beijing	Pekin (m)	[pɛkín]
Beirut	Bejrut (m)	[bɛjrút]
Berlin	Berlin (m)	[bɛrlín]
Bonn	Bon (m)	[bon]

Bordeaux	**Bordo** (f)	[bordó]
Bratislava	**Bratislavë** (f)	[bratislávə]
Brussels	**Bruksel** (m)	[bruksél]
Bucharest	**Bukuresht** (m)	[bukuréʃt]
Budapest	**Budapest** (m)	[budapést]
Cairo	**Kajro** (f)	[kájro]
Chicago	**Çikago** (f)	[tʃikágo]
Copenhagen	**Kopenhagen** (m)	[kopɛnhágɛn]
Dar-es-Salaam	**Dar es Salam** (m)	[dar ɛs salám]
Delhi	**Delhi** (f)	[délhi]
Dubai	**Dubai** (m)	[dubái]
Dublin	**Dublin** (m)	[dúblin]
Düsseldorf	**Dyseldorf** (m)	[dysɛldórf]
Florence	**Firence** (f)	[firéntsɛ]
Frankfurt	**Frankfurt** (m)	[frankfúrt]
Geneva	**Gjenevë** (f)	[ɟɛnévə]
Hamburg	**Hamburg** (m)	[hambúrg]
Hanoi	**Hanoi** (m)	[hanói]
Havana	**Havana** (f)	[havána]
Helsinki	**Helsinki** (m)	[hɛlsínki]
Hiroshima	**Hiroshimë** (f)	[hiroʃímə]
Hong Kong	**Hong Kong** (m)	[hoŋ kón]
Istanbul	**Stamboll** (m)	[stambóɫ]
Jerusalem	**Jerusalem** (m)	[jɛrusalém]
Kolkata (Calcutta)	**Kalkutë** (f)	[kalkútə]
Kuala Lumpur	**Kuala Lumpur** (m)	[kuála lumpúr]
Kyiv	**Kiev** (m)	[kíɛv]
Lisbon	**Lisbonë** (f)	[lisbónə]
London	**Londër** (f)	[lóndər]
Los Angeles	**Los Anxhelos** (m)	[lós andʒɛlós]
Lyons	**Lion** (m)	[lión]
Madrid	**Madrid** (m)	[madríd]
Marseille	**Marsejë** (f)	[marséjə]
Mexico City	**Meksiko Siti** (m)	[méksiko síti]
Miami	**Majami** (m)	[majámi]
Montreal	**Montreal** (m)	[montrɛál]
Moscow	**Moskë** (f)	[móskə]
Mumbai (Bombay)	**Mumbai** (m)	[mumbái]
Munich	**Munih** (m)	[muníh]
Nairobi	**Najrobi** (m)	[najróbi]
Naples	**Napoli** (m)	[nápoli]
New York	**Nju Jork** (m)	[nu jork]
Nice	**Nisë** (m)	[nísə]
Oslo	**oslo** (f)	[óslo]

Ottawa	**Otava** (f)	[otáva]
Paris	**Paris** (m)	[parís]
Prague	**Pragë** (f)	[prágə]
Rio de Janeiro	**Rio de Zhaneiro** (m)	[río dɛ ʒanéiro]
Rome	**Romë** (f)	[rómə]
Saint Petersburg	**Shën Petersburg** (m)	[ʃən pɛtɛrsbúrg]
Seoul	**Seul** (m)	[sɛúl]
Shanghai	**Shangai** (m)	[ʃaŋái]
Singapore	**Singapor** (m)	[siŋapór]
Stockholm	**Stokholm** (m)	[stokhólm]
Sydney	**Sidney** (m)	[sidnéy]
Taipei	**Taipei** (m)	[taipéi]
The Hague	**Hagë** (f)	[hágə]
Tokyo	**Tokio** (f)	[tókio]
Toronto	**Toronto** (f)	[torónto]
Venice	**Venecia** (f)	[vɛnétsia]
Vienna	**Vjenë** (f)	[vjénə]
Warsaw	**Varshavë** (f)	[varʃávə]
Washington	**Uashington** (m)	[vaʃiŋtón]